ANAYA | **E**SPAÑOL **L**ENGUA **E**XTRANJERA

en *vocabulario*

Marta Baralo
Marta Genís
M.ª Eugenia Santana

Medio **B1**

ANAYA ñ ELE

Diseño del proyecto: Milagros Bodas, Sonia de Pedro

© Del texto: Marta Baralo, Marta Genís, M.ª Eugenia Santana
© De esta edición: Grupo Anaya, S.A., 2009
  Juan Ignacio Luca de Tena, 15 - 28027 Madrid

Depósito legal: M-33.577-2009
ISBN: 978-84-667-8688-1
Printed in Spain
Imprime: Huertas Industrias Gráficas, S.A.

Coordinación y edición: Milagros Bodas, Sonia de Pedro
Diseño de interiores y maquetación: Ángel Guerrero
Ilustración: Jesús Escudero
Diseño de cubierta: Fernando Chiralt
Corrección: Consuelo Delgado

Las normas ortográficas seguidas en este libro son las establecidas por la Real Academia Española en su última edición de la *Ortografía,* del año 1999.

Reservados todos los derechos. El contenido de esta obra está protegido por la Ley, que establece penas de prisión y/o multas, además de las correspondientes indemnizaciones por daños y perjuicios, para quienes reprodujeren, plagiaren, distribuyeren o comunicaren públicamente, en todo o en parte, una obra literaria, artística o científica, o su transformación, interpretación o ejecución artística fijada en cualquier tipo de soporte o comunicada a través de cualquier medio, sin la preceptiva autorización.

Presentación

Anaya ELE en es una colección temática diseñada para aunar teoría y práctica en distintos ámbitos de la enseñanza de Español como Lengua Extranjera. Su objetivo es ofrecer un material útil donde la teoría se combine de forma coherente con la práctica y permita al alumno una ejercitación formal y contextualizada a través de actividades amenas y variadas, teniendo en cuenta siempre el uso de los contenidos que se practiquen.

Esta colección se inició con un libro dedicado a los **verbos,** un **referente** destinado a estudiantes de todos los niveles.

Anaya ELE en es una serie dedicada a la **gramática,** al **vocabulario** y a la **fonética,** estructurada en tres niveles siguiendo los parámetros del *Plan Curricular del Instituto Cervantes (2007).*

Este vocabulario se inicia con la representación gráfica de un tema y continúa con una serie de ejercicios variados.

Estructura de la unidad

Cada unidad consta de:

- **¡Fíjese!** Viñeta que ilustra una selección de palabras del tema que se estudia.

- **Frases útiles.** Se presenta el vocabulario en una serie de enunciados que contienen parte de los términos ilustrados.

- **Palabras en contexto.** Actividad que trabaja, a partir de un texto, palabras del campo semántico de la unidad.
- **Ejercicios.** Serie de actividades variadas.

Partes del libro
- Introducción.
- Unidades.
- Test de autoevaluación.
- Soluciones.
- Glosario alfabético. Listado de los términos estudiados, seguidos de línea de puntos, con el fin de que el alumno escriba la traducción a su idioma correspondiente.
- Glosario temático. Siguiendo la estructura del *Plan Curricular del Instituto Cervantes,* se ofrece un índice de materias que recoge los términos clasificados por temas, indicando, además, la unidad donde se trabajan.

En todos los manuales se incluyen las **soluciones** de los ejercicios; de esta forma se constituye en una herramienta eficaz para ser utilizada en el aula o como **autoaprendizaje**.

Anaya ELE en pone al alcance del estudiante de español como lengua extranjera un material de trabajo que le sirve de **complemento a cualquier método**.

ÍNDICE

	Introducción	7
1	El cuerpo humano	14
2	Carácter y personalidad	22
3	Sentimientos y estados de ánimo	28
4	Relaciones personales	34
5	Celebraciones	40
6	En el trabajo	46
7	Labores domésticas	52
8	Alimentación y dieta sana	58
9	Menús, platos, recetas	62
10	Educación	68
11	Música y danza	76
12	Arquitectura, escultura, pintura	80
13	Literatura	84
14	Cine	88
15	Tiempo libre y entretenimiento (I)	92
16	Tiempo libre y entretenimiento (II)	98
17	Viajes, alojamiento y transporte	102
18	La conducción	106
19	En el campo	112
20	Safari fotográfico	116
21	Deportes de invierno y de aventura	122
22	Deportes de equipo	126

23	DE COMPRAS	130
24	ROPA, CALZADO Y COMPLEMENTOS	136
25	VIVIENDA	142
26	ECONOMÍA	148
27	EN EL HOSPITAL	154
28	SERVICIO POSTAL	160
29	INTERNET	164
30	TELÉFONO	168
31	EN EL JUZGADO	172
32	PROBLEMAS MEDIOAMBIENTALES	178
33	DESASTRES NATURALES	182
34	FORMAS Y MEDIDAS	186

TEST AUTOEVALUACIÓN	191
SOLUCIONES	197
GLOSARIO ALFABÉTICO	217
GLOSARIO TEMÁTICO	235

INTRODUCCIÓN

> «El conocimiento del vocabulario hace posible el uso del lenguaje,
> el uso del lenguaje hace posible el enriquecimiento del vocabulario,
> el conocimiento del mundo hace posible el enriquecimiento
> del vocabulario y del uso del lenguaje, y así sucesivamente.»
> Paul Nation, 1993

> «El léxico es la base del lenguaje.»
> Michael Lewis, 1993

> «Más vale una palabra a tiempo que cien a destiempo.»
> Cervantes

Para hablar, escribir, escuchar, leer o traducir, el usuario de una lengua (el estudiante de español) tiene que llevar a cabo una secuencia de acciones realizadas con destreza. Debe ser capaz de planear y organizar un mensaje, y de formular un enunciado lingüístico hablando o escribiendo. Como oyente o lector debe saber percibir el enunciado, identificar el mensaje lingüístico, comprender el mensaje e interpretarlo según la situación comunicativa en la que se encuentre.

Para conseguir realizar con éxito todas estas actividades de comunicación, necesita conocer palabras en la lengua en que se expresa, y lo que más suele faltar en una lengua extranjera es justamente la palabra precisa en el momento preciso. Si no sabemos una palabra, si no encontramos la palabra que necesitamos o si la "tenemos en la punta de la lengua", no conseguimos ser eficaces en la comunicación.

Conocer una palabra o una unidad léxica formada por más de una palabra es un proceso complejo y gradual en el que se aprende no solo la forma y el significado, sino también una intrincada red de relaciones formales y

INTRODUCCIÓN

semánticas entre ese ítem y otras palabras. El conocimiento de una palabra es una representación mental de gran complejidad, que integra diferentes aspectos y componentes cognitivos, algunos más automáticos e inconscientes y otros más conscientes, reflexivos y basados en la propia experiencia.

¿QUÉ SIGNIFICA SABER UNA PALABRA?

Cuando conocemos una palabra sabemos distintos aspectos asociados a ella, además de su forma y de su significado. Podemos esquematizar ese conocimiento, atendiendo a la forma, al significado y al uso de la palabra, tanto en la lengua oral como en la escrita, como emisor y como intérprete. Ese conocimiento se manifiesta, aproximadamente, en las siguientes preguntas:

— ¿Cómo suena?, ¿cómo se pronuncia?, ¿cómo se escribe?

— ¿Qué partes se reconocen en ella?

— ¿Qué significados señala la forma de la palabra?

— ¿Qué palabra puede usarse para expresar el significado?

— ¿Qué está incluido en el concepto?

— ¿A qué otras palabras nos recuerda?, ¿qué otras palabras podría usar en su lugar?

— ¿Qué otras palabras o tipos de palabras aparecen con ella?, ¿qué otras palabras pueden / deben usarse con ella?

— ¿Dónde, cuándo, con qué frecuencia se puede encontrar o usar esa palabra?

El conocimiento léxico se halla relacionado —tejido en una red— con otros componentes de la mente, interrelacionados entre sí en los procesos de reconocimiento de la palabra y de su recuperación de la memoria cuando la necesitamos en un acto comunicativo.

LA COMPETENCIA LÉXICA

A diferencia de lo que ocurre con la gramática de una lengua, el conocimiento léxico se encuentra directamente relacionado con el conocimiento de los hechos y con el conocimiento del mundo, que comprende:

Introducción

- lugares, instituciones y organizaciones, personas, objetos, acontecimientos, procesos e intervenciones en distintos ámbitos, particularmente del país o países en que se habla el idioma; por ejemplo, sus principales características geográficas, medioambientales, demográficas, económicas y políticas;
- clases de entidades (concretas y abstractas, animadas e inanimadas, etc.) y sus propiedades y relaciones (espacio-temporales, asociativas, analíticas, lógicas, de causa y efecto);
- conocimiento sociocultural de la comunidad, que se puede relacionar, por ejemplo, con la vida diaria; sus condiciones; las relaciones personales, los valores, las creencias y las actitudes, el lenguaje corporal, las convenciones sociales, el comportamiento ritual, la conciencia intercultural.

Relacionado directamente con el aprendizaje léxico, hay otro componente importante que tiene que ver con las destrezas y las habilidades para comunicar del estudiante, con sus estrategias para aprender, con sus actitudes, motivaciones, valores, creencias, estilos cognitivos o con aspectos de su personalidad.

Para la realización de las intenciones comunicativas, los usuarios de la lengua o los alumnos ejercen sus capacidades generales junto con una competencia comunicativa más específicamente relacionada con la lengua, que está constituida en esencia por palabras que se combinan en oraciones, que constituyen un texto o discurso.

Las autoras de este libro hemos intentado facilitar la tarea de los que aprenden español, tomando decisiones sobre qué elementos léxicos podrá reconocer y utilizar el estudiante en cada nivel de dominio de la lengua.

LOS DESTINATARIOS

Anaya ELE en Vocabulario está pensado para el estudiante de español como lengua extranjera que quiera mejorar su competencia comunicativa hasta llegar a un determinado nivel de dominio. Nos dirigimos a una persona que puede **aprender con autonomía,** gestionando su tiempo, su ritmo de trabajo y su dedicación. También puede seleccionar aquellos temas de mayor interés para ampliar su riqueza léxica, así como controlar su progreso gracias a las soluciones que acompañan a los ejercicios y a las pruebas de autoaprendizaje finales.

INTRODUCCIÓN

El manual también puede ser **útil para profesores de español,** bien como fuente de recursos para la elaboración de su programación didáctica, bien como herramienta de aprendizaje en una clase convencional o como material complementario. El profesor puede tener la certeza de que su alumno podrá complementar y afianzar el léxico de las unidades didácticas de su programa, con ejemplos claros de uso de las palabras y expresiones nuevas en un contexto de lengua estándar, claro, graduado y elaborado a partir de la experiencia docente de las autoras.

LOS NIVELES

Para aprender mejor el léxico es importante que esté organizado por niveles de dificultad. Este vocabulario sigue los parámetros establecidos por el **Plan curricular del Instituto Cervantes (2007)** y ha tenido en cuenta su inventario al establecer los tres niveles, siguiendo las sugerencias marcadas por los expertos: partimos de los temas más concretos y más cercanos al individuo para continuar con sus relaciones familiares y sociales, su vida cotidiana, su entorno de trabajo, y vamos ampliando los temas y tratándolos con mayor precisión y riqueza léxica hasta tocar campos más abstractos y complejos del ámbito de la política, las artes, las ciencias, la economía, entre otros.

Las decisiones para elegir el léxico de cada nivel y para ordenarlos por temas, con textos fáciles y claros para que el estudiante entienda y practique las palabras y expresiones nuevas, no han sido fáciles, pero siempre hemos hecho prevalecer el criterio didáctico y práctico, basado en la frecuencia y en la rentabilidad comunicativa.

Asimismo, hemos considerado las dificultades graduales a las que se enfrenta un estudiante extranjero a la hora de aprender el vocabulario que ha de integrar en las actividades comunicativas en español. La competencia léxica es un proceso de gran complejidad en el que se construyen redes formales y semánticas entre palabras y unidades complejas, que facilitan su reconocimiento y su recuperación para su aplicación en situaciones comunicativas de la vida diaria.

Los ejercicios que se proponen tienen como objetivo facilitar el uso del léxico en contextos reales de comunicación para conseguir la integración de los términos y expresiones nuevas como vocabulario activo del estudiante. El aprendizaje del vocabulario y su uso se consiguen con el

INTRODUCCIÓN

desarrollo de las destrezas de comprensión y expresión escrita, por lo que hemos alternado la presentación de las palabras nuevas mediante dibujos con su uso en contexto, destacando aquellas unidades que son esenciales en el campo léxico y semántico del tema.

En cuanto a las **variantes léxicas,** dada la gran diversidad de palabras que pueden emplearse para un mismo objeto en las diferentes regiones en las que se habla español, tanto en Hispanoamérica como en España, hemos optado por proponer casi siempre solo el vocabulario de la variedad centro-norte peninsular española. No obstante, en algunos casos, hemos incluido algunas variantes del español en Hispanoamérica. Los usuarios de este libro en otras áreas de la lengua española tendrán que hacer las adaptaciones necesarias a su variedad.

Este libro, organizado por temas de comunicación en los ámbitos personal, profesional y social, ofrece actividades variadas, cada una dedicada a desarrollar diferentes aspectos del conocimiento léxico.

Nuestro deseo es que, gracias al trabajo con las unidades léxicas de este manual, la comunicación en español sea más precisa, más clara, más correcta, más eficaz y más placentera.

Las autoras

Vocabulario

1 ¿Te sientes bien?
EL CUERPO HUMANO

¡FÍJESE!

- Pecho
- Músculos
- Tronco
- Barriga

Levantar pesas / levantamiento de pesas

- Hombro
- Cintura
- Codo

Doblar la cintura

- Muñeca
- Tobillo
- Rodilla

Flexionar la rodilla

Hacer estiramientos

FRASES ÚTILES

Antes de hacer ejercicio hay que calentar bien los músculos.

Ana siempre hace estiramientos para calentar los músculos antes de correr.

Juan mete la barriga para parecer más delgado. Es un presumido.

Estirar el tronco es muy bueno para la espalda.

Si respiras hondo, llenas de aire los pulmones.

Dar un paseo al aire libre es muy saludable para el corazón.

UNIDAD 1

EJERCICIOS

PALABRAS EN CONTEXTO

1 Lea este diálogo con consejos para estar en forma.

—Hola, Mary, ¡qué bien te veo!

—¿Qué tal, Luis? Sí, la verdad es que ahora **me siento bien** porque **estoy en forma**. ¿Sabes? **Había engordado** unos kilos, no **hacía ejercicio**, todo el tiempo **estaba sentada**: en el trabajo, ante el ordenador, y en casa, viendo la televisión.

—Y ¿cómo has conseguido **adelgazar**?

—Pues controlando la alimentación y **haciendo ejercicio** en el gimnasio. Ahora me lo he tomado en serio: salgo a **caminar** los fines de semana y voy a **dar un paseo** casi a diario. ¿Por qué no te animas a venir conmigo al gimnasio? Es divertido y da mucha energía.

—¡Hum! No sé, no sé… ¿Qué hacéis?

—Muchas actividades y muy variadas. Se trata de **mover todo el cuerpo.** La **monitora** pone música, y al ritmo de la música **levantamos y bajamos los brazos, hacemos flexiones con las piernas…** Es muy bueno para las **articulaciones** y los **huesos.**

—Y ¿te cansas mucho?

—Algunos días sí, sobre todo cuando trabajamos de forma especial una parte del cuerpo; por ejemplo, a veces **hacemos abdominales,** un ejercicio muy bueno porque fortaleces la **barriga**. Otras veces, **estiramos** bien el **tronco** y la **espalda:** desde que lo hago me duele mucho menos la espalda. Además, la monitora es muy buena, nos ayuda a **relajarnos**, a **controlar la respiración;** de esta forma te cansas menos. Al final, acabas la sesión de gimnasia **sudando** mucho.

—Eso es estupendo. La verdad es que no tengo mucho tiempo pero me encantaría dedicar unas pocas horas a la semana para **mantenerme en forma.** Y ya sabes: quien mueve el cuerpo, mueve el **corazón**. Sobre todo, me interesa mucho porque con el deporte se libera estrés, y llevas una vida más tranquila y saludable.

—Claro, y además controlo mi peso; he conseguido quitarme los kilos que me sobraban. Ahora llevo una vida muy sana.

—Oye, que me apunto contigo al gimnasio. Me conviene a mí también sudar un poquito haciendo ejercicio… fortalecer los músculos y quitarme un poco de barriga… ¡No me gustaría engordar más…!

Unidad 1

2 Diga si las siguientes afirmaciones son verdaderas (V) o falsas (F).

	V	F
a) Mary se siente mejor desde que hace más ejercicio y va al gimnasio.	☐	☐
b) La música la ayuda cuando hace flexiones.	☐	☐
c) Cuando hace abdominales fortalece la barriga.	☐	☐
d) Mary se mantiene en forma porque siempre está sentada.	☐	☐
e) Luis quiere adelgazar un poco y se anima a ir al gimnasio.	☐	☐
f) Luis opina que hacer ejercicio es bueno para el corazón.	☐	☐

3 Una cada situación con la consecuencia más lógica.

1. Estar en forma es
2. Liberar el estrés significa
3. Moldear el cuerpo quiere decir
4. Controlar el peso significa
5. Controlar la respiración es

a) relajarse y no estar nervioso.
b) trabajar los músculos.
c) no engordar.
d) muy bueno para no cansarse.
e) estar en buenas condiciones físicas.

4 Nombre y relacione estos objetos con las partes del cuerpo en las que se llevan.

tronco / cuello / cintura / orejas / tobillo / manos / muñeca

1. ....
2. ....
3. ....
4. ....
5. ....
6. ....
7. ....

UNIDAD 1

5 ¿Qué acciones podemos hacer con estas partes del cuerpo? Relacione ambas columnas.

1.	ojos	a)	abrazar
2.	labios	b)	mirar
3.	brazos	c)	oler
4.	manos	d)	besar
5.	pulmones	e)	correr
6.	nariz	f)	respirar
7.	piernas	g)	latir
8.	corazón	h)	tocar

6 Observe este mapa ilustrado de acciones que se realizan con el cuerpo y complete.

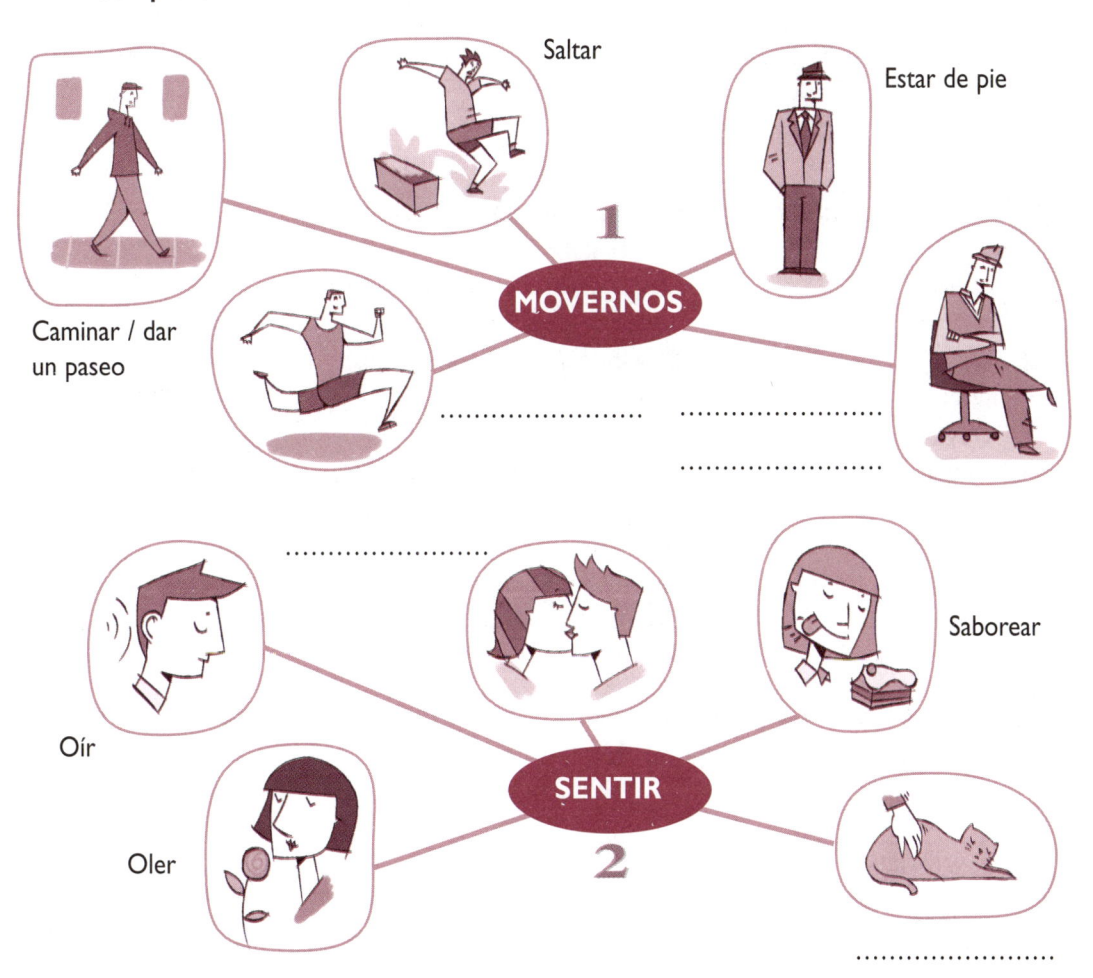

Saltar

Estar de pie

MOVERNOS 1

Caminar / dar un paseo

Saborear

Oír

SENTIR 2

Oler

-17-

UNIDAD 1

Sonreír

Llorar

VIVIR / MOSTRAR EMOCIONES

Latir

7 Una cada acción con su correspondiente definición.

1. Caminar
2. Besar
3. Saltar
4. Respirar
5. Correr
6. Abrazar
7. Llorar
8. Sonreír
9. Coger
10. Saborear

a) Desplazarse rápido con las piernas.
b) Rodear con los brazos.
c) Derramar lágrimas por los ojos.
d) Tomar o agarrar algo.
e) Desplazarse con tranquilidad.
f) Levantarse con impulso para caer en el mismo sitio o en otro.
g) Demostrar cariño con los labios.
h) Tomar aire por la nariz para llevar a los pulmones.
i) Reír suavemente y sin producir sonido.
j) Disfrutar con el sabor de alguna cosa.

8 Escriba todas las partes del cuerpo que se le ocurran para cada una de las acciones centrales del ejercicio 6.

1. MOVERNOS ....

2. SENTIR ....

3. VIVIR / MOSTRAR EMOCIONES ....

-18-

UNIDAD 1

OTRAS PARTES Y ACCIONES DEL CUERPO

- Pestañas
- Lima
- Cara
- Dar(se) rímel en las pestañas / maquillar(se) las pestañas
- Maquillar(se) la cara
- Barra de labios
- Cuchilla de afeitar
- Limar(se) las uñas
- Ceja
- Pinzas
- Labios
- Pintar(se) los labios
- Cera
- Afeitar(se)
- Depilar(se) las cejas / las piernas

9 Señale el intruso en cada serie de palabras.

1. Pestaña   ojo   oreja   ceja
2. Oreja   cuello   cabeza   espalda
3. Brazo   pierna   mano   muñeca
4. Dedo   uña   codo   mano
5. Labios   frente   dientes   boca

UNIDAD 1

10 Asocie a cada uno de estos verbos palabras relativas al cuerpo.

Pintarse:
....
....
....
....
....

Afeitarse:
....
....
....
....
....

Depilarse:
....
....
....
....
....

Cortarse:
....
....
....
....
....

Lavarse:
....
....
....
....
....

Secarse:
....
....
....
....
....

11 Marque verdadero (V) o falso (F).

	V	F
1. Estar de pie es lo mismo que estar sentado.	☐	☐
2. Respiramos y olemos por la nariz.	☐	☐
3. Cuando nos esforzamos por el deporte, el corazón late despacio.	☐	☐
4. Sonreímos cuando estamos tristes.	☐	☐
5. Lloramos si estamos contentos.	☐	☐
6. Podemos tocar con la mano.	☐	☐

12 Estas son expresiones de uso con alguna parte del cuerpo. Relacione los enunciados con las oraciones correspondientes.

1. Encogerse de **hombros**.
2. Cruzarse de **brazos**.
3. Levantar el **dedo** / **la mano**.
4. Hablar por los **codos**.
5. Sacar la **lengua**.

a) No me gusta nada ese gesto. Me parece de mala educación.

b) Pepe lleva toda la tarde hablando sin parar, me produce dolor de cabeza.

c) Vio cómo me robaban y se quedó sin hacer nada.

d) Le pregunté a Juan su opinión, pero le da igual.

e) Llamó la atención del profesor porque quería intervenir.

13 Complete las oraciones con las palabras siguientes.

adelgazar / pulmones / cuchilla / músculos / tobillo / barriga

1. Es necesario tener buenos .... para cargar con mucho peso.

2. A Luis no le vale el pantalón porque tiene mucha ....

3. Juan se esforzó tanto al correr que se torció un ....

4. Mary se ha puesto a régimen porque quiere .... un poco.

5. ¡Qué bueno es para los .... salir al aire libre y respirar hondo!

6. Prefiero la .... de afeitar a la maquinilla, porque tengo una barba muy dura.

2. ¿Cómo es tu personalidad?
CARÁCTER Y PERSONALIDAD

¡FÍJESE!

Es impaciente

Es traviesa

Tiene mal carácter

Es arrogante

Bla, bla, bla, bla...

Es paciente y tranquila

Es muy hablador

Es trabajador

Es vago

FRASES ÚTILES

Tiene muy buen carácter. Se lleva bien con todo el mundo.

Es paciente con los niños, no se pone nerviosa nunca.

Tiene mucho sentido del humor: sabe reírse de sí mismo.

Tiene un carácter fuerte, parece siempre enfadado.

Lola se cree la mejor y nunca dice la verdad; es muy arrogante y mentirosa.

Paco tiene un carácter muy abierto y liberal.

Este niño es muy travieso. Siempre anda haciendo bromas.

Pedro es muy conservador en el vestir. Siempre va con traje y corbata.

Unidad 2

Ejercicios

Palabras en contexto

1 Lea el siguiente artículo.

El carácter de los estudiantes

Llamamos carácter a la forma de ser que nos identifica y nos diferencia de los demás.

Entre los estudiantes, encontramos ejemplos de distintos tipos de carácter:

El tipo 1: **introvertido, pesimista.** Este tipo de estudiante no tiene muchos amigos, le gusta estudiar solo y cualquier tarea le parece difícil. Suele ser muy trabajador, pero siempre piensa que va a suspender.

El tipo 2: **extrovertido, hablador.** A este tipo de estudiante le gusta mucho hablar con sus compañeros, explicar cosas y trabajar en equipo. Es un buen líder.

El tipo 3: **impaciente, intranquilo.** Para este estudiante, lo importante es hacer las cosas rápidamente. No puede quedarse quieto en su sitio, le gusta moverse por la clase. Es una persona nerviosa.

El tipo 4: **travieso, optimista.** Tiene mucho **sentido del humor** y le gustan las situaciones cómicas. Se lleva bien con todo el mundo porque **tiene buen carácter** y, en general, es buen compañero.

El tipo 5: **sincero, seguro** de sí mismo. Lo importante para este estudiante es la verdad y la razón. Sabe que aprobará porque ha estudiado y confía en sus capacidades.

El tipo 6: **vago, inseguro, tímido.** Este estudiante no dedica tiempo a estudiar, no tiene confianza en sí mismo y le cuesta hacer amigos.

¿Qué clase de estudiante es usted?

2 Subraye los calificativos que describan su forma de ser.

Soy optimista, pesimista, impaciente, paciente, introvertido, extrovertido, seguro, inseguro, tímido.

Tengo un carácter → fácil, difícil, fuerte, débil.

A veces soy → vago, trabajador, sincero, cómico, hablador, arrogante.

En general tengo → buen carácter, mal carácter, mucho carácter, poco carácter, sentido del humor.

UNIDAD 2

3 Escriba el calificativo correspondiente a las siguientes definiciones.

1. Persona que se encierra en sí misma, muy tímida: ....
2. Persona demasiado orgullosa: ....
3. Persona que no trabaja mucho ni se esfuerza: ....
4. Persona que dice siempre la verdad: ....
5. Persona bromista e inquieta: ....
6. Persona habladora y sociable: ....

4 Escriba los contrarios de los siguientes adjetivos.

1. Pesimista →	
2. Tranquilo →	
3. Impaciente →	
4. Vago →	
5. Seguro →	
6. Conservador →	
7. Sincero →	

5 Complete el diálogo con las palabras adecuadas según el contexto. Le damos ya la letra inicial.

FLOR: ¿Tú qué tipo de estudiante eres?

RITA: No lo sé. Creo que soy t.................., porque le dedico mucho tiempo al estudio.

FLOR: Yo no, yo soy muy v.................., siempre dejo las tareas para el día siguiente...

RITA: Pero también eres p.................. y o..................Aguantas mucha presión y siempre estás contenta.

FLOR: Sí, es verdad. También creo que soy t.................. porque no me enfado con facilidad. Además, me gusta escuchar a los demás y no hablar demasiado.

RITA: Yo no, yo soy muy h.................., siempre estoy contando historias y además tengo muy mal c.................. Me enfado enseguida por cualquier cosa.

UNIDAD 2

FLOR: Lo que tienes es poco s.................. del h.................. Hay que reírse más y, sobre todo, reírse de uno mismo.

FLOR: ¿Ah sí? Pues ¿sabes qué? ¡Tú eres una a..................! Te crees doña perfecta.

6 Clasifique estas palabras en su casilla correspondiente.

[sentido del humor / pesimista / mucho carácter / trabajador / vago
mal carácter / sincero / un carácter fácil]

Tener	Ser
....	....
....	....
....	....
....	....

7 Señale el intruso.

1. Alegre   optimista   cómico   (arrogante)
2. Inseguro   (vago)   intranquilo impaciente
3. Pesimista   impaciente   (sincero)   vago
4. Trabajador   (seguro)   conservador hablador

8 Decida qué adjetivos tienen un significado positivo y cuáles un significado negativo.

tranquilo ᴾ/ᴺ   impaciente ᴺ   **introvertido** ᴾ/ᴺ   sincero ᴾ   **optimista** ᴾ

arrogante ᴺ   **VAGO** ᴺ   *trabajador* ᴾ   paciente ᴾ   inseguro ᴺ

Positivo: ....
....
Negativo: ....
....

Unidad 2

9 **Ordene las palabras de las siguientes oraciones correctamente.**

1. tendrás trabajador si siempre empleo eres

   ....

2. cosa mal humor es una tener otra y mal tener carácter

   ....

3. arrogante una es persona normalmente persona una insegura

   ....

4. introvertido ser significa en mismo sí centrarse

   ....

5. humor diferente el es del cultura cada en sentido

   ....

10 **¿Con qué carácter está relacionado cada refrán?**

1. No hay mal que por bien no venga.	
2. El mejor fuego no es el que se enciende rápidamente.	
3. Antes la obligación que la devoción.	
4. Quien mucho duerme media vida pierde.	
5. La verdad, como el aceite, queda encima siempre.	

11 **Lea estas oraciones y subraye la opción correcta.**

1. Eduardo parece muy arrogante y seguro de sí mismo, pero en realidad yo creo que es una persona con **mucho** / **poco** carácter.

2. Tu jefe es muy inseguro, ¿no? ¿No crees que tiene un carácter muy **débil** / **fuerte**?

3. No es cómodo trabajar con ella, porque tiene un carácter **fácil** / **difícil**.

4. Me gustan las mujeres que saben lo que quieren, con **débil** / **fuerte** personalidad.

UNIDAD 2

12 Busque en esta sopa de letras doce palabras relativas al carácter y la personalidad.

I	M	P	A	C	I	E	N	T	E	S	E	O	Ñ	M	M	Q	C
N	B	V	B	R	I	O	D	I	T	R	E	V	O	R	T	X	E
T	S	M	D	L	R	B	D	T	F	V	G	U	N	B	E	T	I
R	E	H	E	Q	R	O	R	E	C	N	I	S	G	F	R	V	N
A	R	R	R	M	E	A	G	F	D	T	Y	T	R	E	T	Y	S
N	T	H	T	H	V	D	H	A	B	L	A	D	O	R	D	N	E
Q	G	P	Y	I	C	T	J	Q	N	U	I	E	G	T	V	I	G
U	H	J	E	S	O	U	K	A	U	T	M	W	A	Y	S	L	U
I	J	S	S	W	T	F	C	O	N	S	E	R	V	A	D	O	R
L	O	D	A	Q	N	P	Ñ	U	O	L	L	O	V	V	H	S	O
O	A	T	S	I	M	I	S	E	P	K	S	K	B	Z	J	V	P
P	M	R	E	V	M	O	D	I	T	R	E	V	O	R	T	N	I

-27-

3 — No quiero estar deprimido
SENTIMIENTOS Y ESTADOS DE ÁNIMO

¡FÍJESE!

El lunes Andrés estaba muy estresado porque tenía mucho trabajo.

El martes estaba muy enamorado de Mamen, su novia de toda la vida.

El miércoles se enfadó con su novia porque ella quería ir a la ópera y él quería ir al fútbol.

El jueves estuvo deprimido todo el día porque discutió con Mamen.

El viernes se divirtió con sus amigos viendo un partido de fútbol.

El sábado vio un gato abandonado en la calle y le dio lástima. Decidió llevárselo a casa.

Al día siguiente el gatito ya había roto las cortinas y había tirado todo lo que encontraba a su paso. No soporta al gatito.

FRASES ÚTILES

Últimamente estoy siempre de mal humor, siempre enfadado.

Juan está deprimido, no tiene ganas de hacer nada.

–¿Qué te pasa? –Estoy aburrido, no sé en qué entretenerme.

Me encuentro fatal. Me duele mucho la cabeza.

Me das lástima porque estás muy enamorado y ella no te quiere.

¡Las arañas me dan miedo!

Mi problema es que me enamoro con facilidad.

UNIDAD 3

EJERCICIOS

PALABRAS EN CONTEXTO

1 Lea el siguiente texto y después marque verdadero (V) o falso (F).

Si está usted **aburrido, preocupado, deprimido, triste** y **de mal humor,** solamente puede haber dos explicaciones: o está usted **estresado** o está usted **enamorado.**

El **estrés,** que se produce normalmente por exceso de trabajo, afecta a todas las personas en algún momento de la vida. Las personas estresadas **se sienten mal, se enfadan** a menudo y no **soportan** las críticas. Enseguida **se ponen de mal humor.** Para superar este estado de ánimo es necesario aprender a **divertirse,** evitar las preocupaciones y organizarse el trabajo.

Por otro lado, el **amor** puede producir a veces un **sentimiento** de **pena** o **dar miedo,** pero también puede **alegrar** la vida. Si usted se **encuentra bien** y **satisfecho,** adelante. Si no está **contento** con su relación de pareja, debería dejar la relación, buscar nuevas **amistades,** evitar **aburrirse** y **disfrutar** del presente. Al final, **se alegrará** de haberlo hecho.

	V	F
a) Hay personas que nunca sufren estrés.	☐	✓
b) Una persona estresada se enfada con frecuencia.	✓	☐
c) El amor puede provocar miedo.	✓	☐
d) Si está satisfecho con su relación de pareja, debería dejarla.	☐	✓

2 Conecte el principio y el final de las siguientes oraciones.

1. Se puso triste B	a) verle con ese disfraz de Drácula.
2. Estaba aburrido, E	b) cuando su perrito murió.
3. Daba miedo A	c) porque había aprobado el curso.
4. Sara se puso contenta C	d) verle tan deprimido.
5. Daba pena D	e) así que se fue al cine.

Unidad 3

3 Clasifique estas palabras con los verbos que las acompañan.

[bien / pena / triste / aburrido / regular / estresado / miedo / contento
fatal / alegre / mal / enamorado / lástima / satisfecho / preocupado]

Estar	Dar	Encontrarse
Bien, contento, fatal, triste, alegre, aburrido, mal, regular, estresado	Pena, miedo, lástima	~~Pena~~ Bien, regular, fatal, mal

4 Lea este diálogo y subraye la palabra adecuada en cada caso según el contexto.

CAROLINA: Estoy **aburrida** / estresada / enamorada, ¿por qué no hacemos algo?

PAZ: Yo, en cambio, estoy muy contenta / **estresada** / triste porque tengo mucho que estudiar y no me da tiempo…

ENRIQUE: Oye, Paz, me das mucha miedo / **pena** / triste, pero no voy a estudiar por ti.

PAZ: No quiero que estudies por mí… Solo digo que tengo que estudiar, así que podéis ir a **divertiros** / alegraros / enfadaros vosotros.

CAROLINA: Vale, ya me he puesto aburrida / **contenta** / triste solo de pensar que vamos a hacer algo.

PAZ: ¿Qué vais a hacer? Espero que lo paséis fatal / regular / **bien** porque lo que es yo me pongo **de mal humor** / de buen humor / contenta solo de pensar todo lo que tengo que estudiar… ¡Uf! Además me encuentro bien / **fatal** / alegre y creo que tengo fiebre.

ENRIQUE: ¡Qué miedo / **lástima** / amistad! ¡Pobrecita!… Siempre te **deprimes** / alegras / enamoras en los exámenes. Anda, ponte a estudiar.

PAZ: Y tú siempre estás regular / fatal / **bien**, siempre de mal humor / **de buen humor** / triste, cantando, bailando, de fiesta… ¡Y nunca estudias!

ENRIQUE: Porque me divierto / no me aburro / **no soporto** a los aburridos como tú.

CAROLINA: No os alegréis / **enfadéis** / aburráis. Enrique, vámonos al cine. Paz, tú a estudiar.

PAZ: ¡Esto es amistad! Anda, que os enfadéis / deprimáis / **divirtáis**. Pero ¡no me pidáis luego que estudie con vosotros!

ENRIQUE: ¡Ni en sueños!

UNIDAD 3

5 **Complete estos refranes populares con las palabras siguientes. Hay una que se repite.**

> aburrido · triste · enamoramos · alegría · amistad · enfada

1. Es ..triste.. amar sin ser amado, pero es más ..triste.. dormir sin haber cenado.
2. ..Amistad.. fuerte llega más allá de la muerte.
3. Cinco sentidos tenemos y los cinco necesitamos, pero los cinco perdemos cuando nos ..enamoramos..
4. La ..alegría.. es un tesoro que vale mucho más que el oro.
5. Lo ..aburrido.. y cotidiano es malo.
6. Lo poco agrada y lo mucho ..enfada..

6 **María está enamorada. Averigüe en qué otros estados de ánimo se encuentra completando las casillas.**

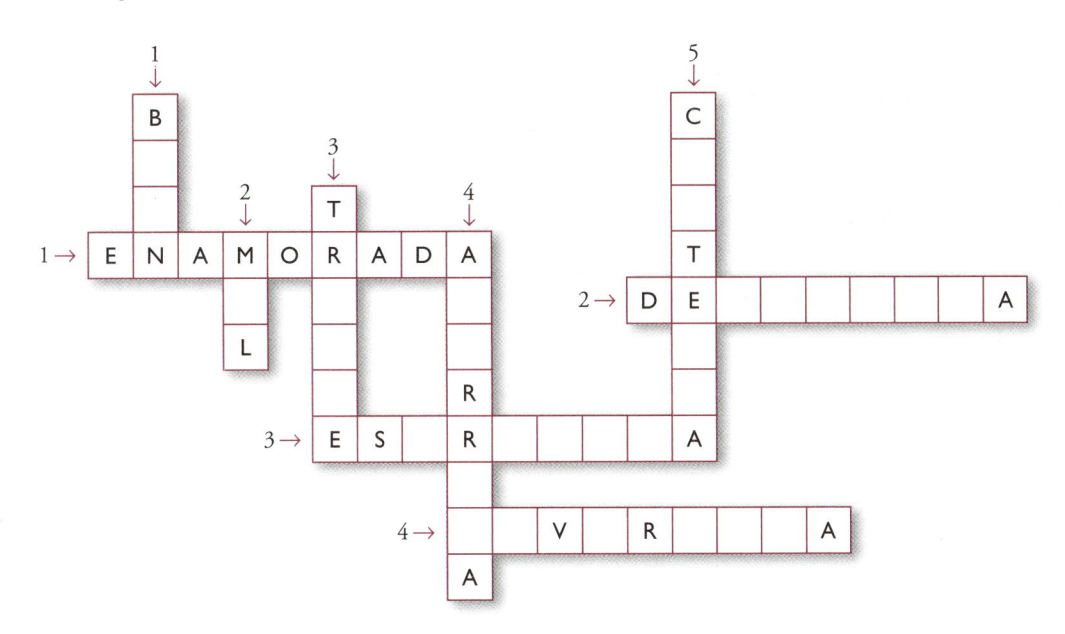

1→ ENAMORADA

2→ DE _ _ _ _ _ _ _ A

3→ ES_ R _ _ _ _

4→ _ _ V _ R _ _ A _

Unidad 3

7 Marque los siguientes estados y acciones con un + o un – según sean positivos o negativos.

Alegrarse	+	Dar miedo	–
Aburrirse	–	Enfadarse	–
Disfrutar	+	Ponerse contento	+
Divertirse	+	Encontrarse mal / fatal	–
Estresarse	–	Ponerse de mal humor	–
Dar pena / lástima	–	Encontrarse bien	+
Enamorarse	+	Deprimirse	–

■ Ahora elija dos términos positivos y dos negativos y escriba una oración con cada uno.

Positivos:
....
....

Negativos:
....
....

8 Complete el cuadro.

VERBO	SUSTANTIVO	ADJETIVO
	diversión	divertido
	aburrimiento	
	depresión	
	enamoramiento	
	alegría	alegre
	estrés	
	enfado	
	preocupación	
satisfacer	satisfacción	

-32-

UNIDAD 3

9 Lea los consejos que un amigo le da a Pepe y averigüe su estado de ánimo.

Consejos	Estados de ánimo
1. Vete al médico.	1. ....
2. Deberías estar más alegre e intentar divertirte.	2. ....
3. No es bueno estar siempre de mal humor.	3. ....
4. Vamos a jugar al fútbol.	4. *Se aburre / Está aburrido.*
5. Dile que la quieres.	5. ....
6. No te preocupes tanto. Seguro que al final no pierdes el trabajo.	6. ....

4 ¿Convives con tu pareja?
RELACIONES PERSONALES

¡FÍJESE!

Creo que voy a **dejar** a mi novio. Llevamos cinco años juntos y cada vez me resulta más difícil **convivir** con él.

Ya, pero es que nos pasamos todo el día **discutiendo**.

Ten paciencia. En todas las **relaciones de pareja** hay problemas.

Mira, este es Tomás, mi **novio**. **Salgo con** él desde hace unos meses.

Huy, ¿qué me dices? ¿Y Alfredo?

¡Vaya! Me caía muy bien.

¿No te enteraste? **Rompí con** él porque era muy celoso.

FRASES ÚTILES

¿Estás casado o soltero?

Miguel y yo estamos separados. De momento, no vamos a pedir el divorcio.

Llevo dos años viviendo con mi novio Luis y no pensamos casarnos nunca.

Tengo tres niños y voy a adoptar una niña.

Mi hijo es muy travieso y casi nunca me obedece.

Paula es viuda; su marido murió el año pasado.

Mario es muy guapo y simpático. Tiene mucho éxito con las mujeres.

UNIDAD 4

EJERCICIOS

PALABRAS EN CONTEXTO

1 Lea la siguiente discusión entre esta pareja.

CLAUDIA: Ya verás, pero como sigamos así, vamos a acabar pidiendo el **divorcio**.

ALEJANDRO: No exageres, mujer. ¿Por qué lo dices?

CLAUDIA: ¿Es que no ves que **discutimos** todo el tiempo? Ya no **nos llevamos** tan **bien** como antes.

ALEJANDRO: Bueno, pero nos seguimos queriendo. Y si discutimos es por los niños. Cada uno los quiere **educar** a su manera y claro, al final, no nos ponemos de acuerdo y empezamos a discutir.

CLAUDIA: No sé, yo creo que estamos atravesando una crisis. Tal vez sea mejor que **nos separemos** y nos tomemos un tiempo para pensar en el futuro de nuestra **relación**.

ALEJANDRO: Yo no creo eso. Lo que pasa es que **llevamos muchos años conviviendo** y cada día soportamos peor los problemas que surgen de la **convivencia**.

CLAUDIA: No sé, estoy confusa. A veces pienso que **nos casamos** demasiado jóvenes y que nuestro **noviazgo** fue muy corto y quizá no nos conocíamos bastante cuando nos metimos en la aventura del **matrimonio**, y ahora estamos pagando las consecuencias.

ALEJANDRO: No estoy de acuerdo. ¿Qué edad teníamos cuando nos casamos? ¿Veinte?

CLAUDIA: Yo tenía 19 años y tú, 20. Casi éramos unos adolescentes.

ALEJANDRO: ¿Pero qué dices? Ya éramos adultos y sabíamos lo que hacíamos.

CLAUDIA: La verdad es que estoy hecha un lío. Dame tiempo para pensar en nosotros, ¿vale?

ALEJANDRO: Está bien.

2 Marque ahora verdadero (V) o falso (F).

	V	F
a) Claudia y Alejandro coinciden en cómo educar a sus hijos.	☐	☐
b) Claudia y Alejandro tuvieron un noviazgo muy corto.	☐	☐
c) Claudia piensa que fue un error casarse tan joven.	☐	☐
d) Ramón siempre obedece a sus padres.	☐	☐
e) Alejandro está confundido y necesita tiempo para pensar si quiere seguir con su relación con Claudia.	☐	☐

Unidad 4

3 Fíjese en lo que dicen las siguientes personas y complete las oraciones con la palabra correspondiente a su situación.

1. Lola: "No tengo marido. Por tanto, soy ....".
2. Lucas: "Mi mujer y yo llevamos una año viviendo en casas diferentes, porque estamos ....".
3. Alejandro: "Mi esposa murió hace dos años. Soy ....".
4. Nina: "Aunque estamos ...., mi ex marido y yo intentamos llevarnos bien por los niños".

4 Relacione estas palabras y expresiones con su definición.

> a) pareja de hecho
> b) enamoramiento
> c) separación
> d) viudo/-a
> e) comprometerse
> f) noviazgo
> g) no llevarse bien con alguien

1. Etapa en la que surge el amor hacia otra persona. ☐
2. Etapa en que dos personas son novios y no están casados. ☐
3. Discutir a menudo con una persona. ☐
4. Aceptar un compromiso u obligación. ☐
5. Unión de dos personas que deciden vivir juntas, pero sin casarse. ☐
6. Persona casada cuyo marido o mujer ya murieron. ☐
7. Ruptura de una relación de pareja pero sin romper el matrimonio. ☐

5 Señale el intruso en cada serie.

1. Tener un hijo	educar a un hijo	obedecer a los padres	viudo
2. Divorciarse	matrimonio	soltera	casarse
3. Separación	adoptar	hijo adoptivo	padres adoptivos
4. Soltero	pareja de hecho	novios	matrimonio
5. Dejar	comprometerse	abandonar	romper con

UNIDAD 4

6 Separe las siguientes palabras y después ordénelas según el orden más lógico.

divorciarse vivir en pareja noviazgo casarse enamoramiento separarse

Enamoramiento, ...

7 Complete el texto con las siguientes palabras.

separación	romperse	amistad
convivencia	divorcio	enamoramiento
pareja (2 veces)	relación (2 veces)	discutir
separarse	divorciar	trabajo

¿Qué ocurre últimamente con las relaciones de pareja?

Las encuestas dicen que cada cinco minutos se produce una .... o un .... en España y que las rupturas matrimoniales aumentan cada año.

El gobierno ha agilizado los procesos, de forma que una .... se puede .... directamente sin necesidad de .... previamente.

Cada uno da sus razones. Unos dicen que el .... puede durar como máximo cuatro años y que muchas parejas .... llegado ese momento. Además, las personas cambian y, obviamente, no se quiere lo mismo a los 25 años que a los 35, y cada vez parece ser más difícil la .... Otros dicen que tanto el hombre como la mujer trabajan muchas horas y el estrés no les permite cuidar y cultivar su .... amorosa. De hecho, resulta mucho más fácil conservar una relación de .... o de .... que una .... de pareja, ya que tener una .... estable implica ser paciente y no .... cada vez que surja un problema.

En fin, parece que las relaciones nacen con fecha de caducidad.

Unidad 4

8 Escriba el contrario de las siguientes palabras y expresiones.

1. Desobedecer: ....
2. Desenamorarse: ....
3. Caer bien: ....
4. Maleducar: ....

9 Complete la tabla con el verbo o sustantivo que corresponda.

VERBO	SUSTANTIVO
Adoptar	
Divorciarse	
	Separación
	Discusión
	Educación
	Obediencia
	Convivencia
	Enamoramiento
	Compromiso

10 Escoja el mejor consejo para cada situación.

> No te cases / Pide el divorcio / Inscríbete como pareja de hecho / Sepárate

1. Mi esposa está enamorada de un compañero de la oficina.

   ....

2. No quiero ningún tipo de compromiso.

   ....

3. Mi marido y yo llevamos tres años separados y quiero volver a casarme.

   ....

4. Quiero convivir con mi novia, pero sin casarme.

   ....

UNIDAD 4

11 **Complete estas oraciones para resolver el crucigrama.**

Horizontales

1. Si adoptas a un niño eres una madre ....
2. Si tu marido se muere, te quedas ....
3. La ruptura legal de un matrimonio se llama ....
4. Un buen hijo .... a sus padres.
5. Si no estás casado, estás ....

Verticales

1. Si vives con tu pareja pero no estáis casados, formáis una ....
2. La institución que regula la unión entre dos personas se llama ....
3. Cuando una pareja .... junta tantos años es que se quieren mucho.
4. Se nota que una pareja se lleva mal cuando .... mucho.
5. No todos los .... acaban en matrimonio.

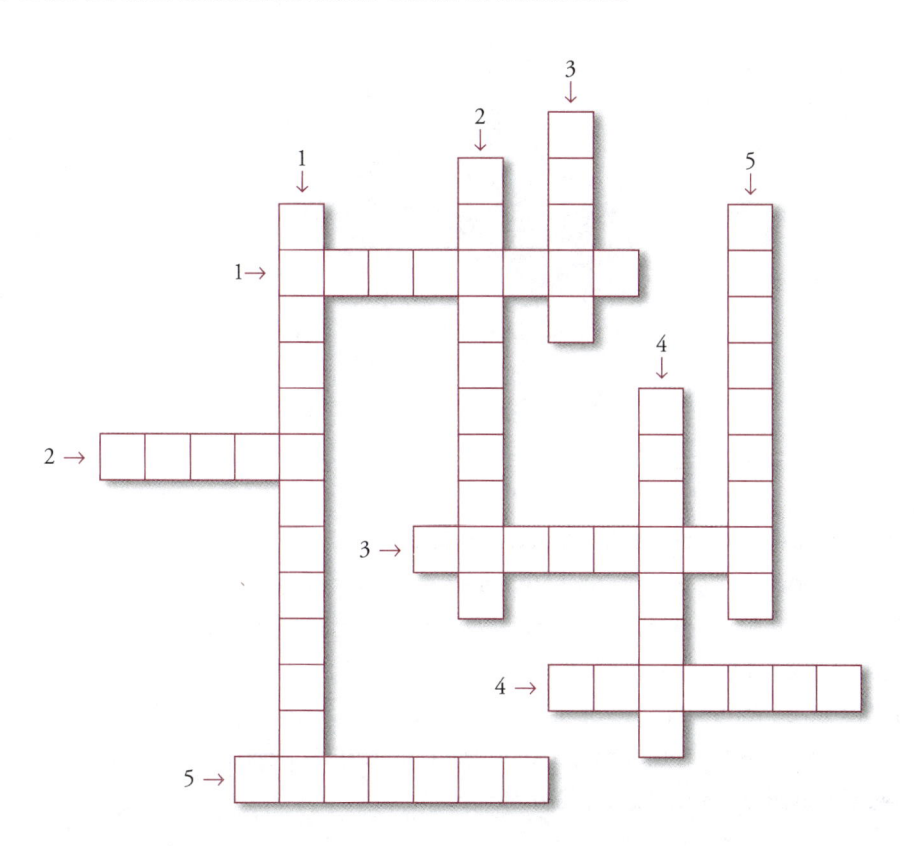

5 ¡Un brindis por Muriel!
CELEBRACIONES

¡FÍJESE!

¡Bien! **Un brindis** por Muriel... y su nuevo amor.

Chicos, ¡me caso! El mes que viene estáis todos **invitados** a la **boda**.

¿Qué os parece si hacemos una **fiesta de disfraces** para **celebrar** el acontecimiento?

¡Genial! Será una bonita **celebración** con **regalos** y sorpresas.

FRASES ÚTILES

- Muriel y Tomás se van al Caribe de luna de miel.
- Organizaremos una fiesta con un banquete para cien personas.
- En algunas culturas es de mala educación abrir los regalos delante de los invitados.
- ¡Brindemos por la felicidad de los novios!
- En las fiestas de mi pueblo siempre hay un baile popular.
- Me encantan las fiestas de disfraces. Siempre me visto de payaso.
- Hoy es el cumpleaños de Carol. Cumple 35 años.

UNIDAD 5

EJERCICIOS

PALABRAS EN CONTEXTO

1 **Lea el siguiente texto.**

LETICIA: ¡Hola, Muriel! ¡Enhorabuena por tu **boda**!
MURIEL: Gracias, Leti. Estoy nerviosa pensando en los preparativos del **banquete.**
LETICIA: Si necesitas ayuda, cuenta conmigo. ¿Cuándo será la **celebración**? ¿Por la mañana o por la tarde?
MURIEL: La **misa** será en la iglesia de mi barrio, a mediodía. Después ofreceremos un banquete para todos nuestros **invitados.** La comida será al aire libre sobre las dos de la tarde.
LETICIA: ¿Has mandado ya las **invitaciones**?
MURIEL: Aún no he terminado de hacer toda la **lista de invitados.** Tengo que darme prisa pues es importante saber cuántos van a **asistir** para **reservar** en el restaurante.
LETICIA: ¿Y después del banquete? ¿Habrá **fiesta**?
MURIEL: Sí, por supuesto. Me gustaría mucho organizar un **baile** con todos los invitados.
LETICIA: ¡Ah! Por lo que veo va a ser una boda muy **formal.**
MURIEL: Sí, pero como no me gustan las **fiestas** muy **típicas**… ¡Habrá una sorpresa final!
LETICIA: ¡Vaya! Ya empieza la cosa a ser más **informal**…
MURIEL: Sí, te voy a contar, porque necesito la complicidad de algunos amigos. Será mi regalo para todos los invitados, incluso… ¡¡¡para el novio!!!
LETICIA: Cuenta, cuenta…

2 **Elija el sinónimo adecuado para cada una de estas palabras.**

> evento social / fiesta tradicional / obsequio / asistente
> gran comida / celebración religiosa

a) Fiesta típica: ....
b) Celebración: ....
c) Misa: ....
d) Banquete: ....
e) Invitado: ....
f) Regalo: ....

3 **Coloque cada palabra en la casilla correspondiente.**

[un regalo / una invitación / un banquete / una fiesta / un cumpleaños]

Organizar	Celebrar	Recibir	Entregar	Envolver

-41-

Unidad 5

4 **Ordene de forma lógica las siguientes actividades para organizar una fiesta.**

- [ ] Decidir quién va a tocar la música.
- [ ] Confirmar el número de invitados que han confirmado su asistencia.
- [ ] Decidir el lugar donde se va a celebrar.
- [ ] Decidir la lista de los invitados.
- [ ] Decidir el tipo de fiesta.
- [ ] Decidir qué comida y bebida se va a servir.
- [ ] Enviar las invitaciones.

Palabras en contexto

5 **Lea ahora este diálogo.**

> **LETICIA:** ¡Qué bien! La semana que viene tenemos la boda de Muriel.
>
> **KAREN:** Sí, yo aún recuerdo el día de mi boda. Precisamente el mes que viene **celebramos** Juan y yo nuestro 25 **aniversario.** ¡Celebramos nuestras **bodas de plata!**
>
> **LETICIA:** ¡Eso es estupendo! ¿Cómo lo vais a celebrar?
>
> **KAREN:** Será una **ceremonia** sencilla; organizaremos un banquete para nuestros amigos. ¡Contamos contigo!
>
> **LETICIA:** ¡Claro! No faltaré a tu **aniversario de bodas.** ¡Qué divertido!
>
> **KAREN:** Pero más divertido va a ser la **fiesta de disfraces** de la boda de Muriel.
>
> **LETICIA:** Habrá que pensar en un regalo.
>
> **KAREN:** Les podemos regalar el **viaje de novios.** Dos billetes de avión al Caribe. ¡Menuda **luna de miel!**

6 **Marque verdadero (V) o falso (F).**

	V	F
a) Las bodas de plata se celebran a los 30 años de casados.	☐	☐
b) En las ceremonias sencillas hay pocos invitados.	☐	☐
c) Muriel celebra su boda con una fiesta de disfraces en el Caribe.	☐	☐
d) Las amigas de Muriel van a regalarle un banquete por su boda.	☐	☐
e) La luna de miel se celebra justo antes de la boda.	☐	☐
f) El viaje de novios se hace durante la luna de miel.	☐	☐

UNIDAD 5

7 **Complete las siguientes oraciones.**

> banquete / brindis / regalo / cumpleaños (2 veces) / asistencia / disfraces / envueltos

1. Esta noche voy a un ……………………… Tengo que comprar un ………………….
2. Al final del ……………………, los invitados hicieron un ………………….. por la felicidad de los novios.
3. En Halloween las discotecas organizan fiestas de …………………………..
4. Los ……………………… son fiestas muy importantes en el mundo hispano.
5. Los regalos estaban ………………….. en papeles de diferentes colores.
6. Treinta invitados han confirmado su ………………….. a la fiesta.

8 **Complete el diálogo con las palabras adecuadas. Le damos la letra inicial.**

ALEX: Roberto se marcha de voluntario un año a Mozambique y he pensado que podíamos organizarle una f………………. sorpresa.

NURIA: ¿A quién has pensado i…………………? Es importante saber cuántos vamos a ser.

ALEX: A todos los compañeros de clase, a sus hermanos y a sus padres, pero creo que van a ser muchos i…………………….

JOAQUÍN: Sí, es mejor que solo invitemos a los compañeros de clase. Seguro que su f……………….. le organiza una reunión familiar con un b…………………. en un restaurante.

NURIA: Sí, porque nosotros no tenemos dinero para o…………….. un banquete. ¿Dónde va a ser la f…………………?

ALEX: Había pensado en una fiesta i………………… en el garaje de mi casa, con música y comida para picar, pero nada de estar sentados, nada formal.

JOAQUÍN: Nuria se puede encargar de enviar un correo electrónico a todos los de la clase con las i………………… para la fiesta.

NURIA: Muy bien. Me encargaré de que todos los invitados confirmen su a…………………

ALEX: No hay que olvidarse de comprar cava para hacer un b………………… al final y desearle mucha suerte en Mozambique.

JOAQUÍN: Y también tenemos que comprarle un r…………………

NURIA: Sí, para que lo a………………… justo después del brindis.

UNIDAD 5

9 Vuelva a leer la conversación del ejercicio anterior y elija la definición correcta de la palabra *anfitrión*.

1. Persona que celebra un cumpleaños o una fiesta.
2. Persona que tiene invitados en su casa.
3. Persona que organiza un banquete en un restaurante.
4. Persona que recibe un regalo.

10 Complete relacionando cada nombre con su acción verbal correspondiente.

NOMBRE	VERBO
Brindis	
Celebración	
Invitados	
Regalo	
Fiesta	
Comida	
Bebida	
Reunión	
Cumpleaños	
Asistencia	

11 Subraye la opción correcta.

1. Tengo que preparar las **invitaciones** / **celebraciones** para la boda.
2. Tendrás que **regalar** / **envolver** bien el regalo para que quede bonito.
3. Aún no sabemos dónde ir de **luna de miel** / **compras** después de la boda.
4. He pensado hacer **una fiesta informal** / **un brindis** para celebrar este acontecimiento.
5. ¡Qué bien que celebren su **aniversario** / **cumpleaños** de boda!
6. Me vestiré de payaso para la fiesta **formal** / **de disfraces.**

12 Relacione las columnas.

1. Invitado
2. Celebración
3. Asistencia
4. Brindis
5. Misa

a) Presencia de invitados en una fiesta.
b) Choque de copas para celebrar algo.
c) Persona que está presente en una celebración.
d) Celebración religiosa.
e) Fiesta importante para conmemorar un acontecimiento.

¡Me han renovado el contrato!
EN EL TRABAJO

¡FÍJESE!

> Desde este momento **estoy en el paro**. Me han **despedido**.

> Lo siento mucho, Ramírez. A mí me han hecho **contrato fijo**.

> Pues a mí ni me echan ni me hacen contrato fijo. Yo continúo de **becario**..., y con el mismo **sueldo**.

> ¡Pues a mí me quedan dos días para **jubilarme**! ¡Mañana llega mi **sustituta**!

FRASES ÚTILES

A María le han subido el sueldo. Por fin le reconocen su experiencia.

Estoy en el paro, por eso estoy mirando ofertas de empleo.

Mi madre se ha jubilado porque acaba de cumplir 65 años. Le queda una buena pensión.

Luisa está contenta porque le han renovado su contrato por un año más.

Los sindicatos han convocado una huelga por el despido de 200 trabajadores.

Jorge tiene un oficio muy interesante, trabaja para una empresa de publicidad.

UNIDAD 6

EJERCICIOS

PALABRAS EN CONTEXTO

1 Lea esta entrevista de trabajo entre una directora de Recursos Humanos y una candidata.

> DIRECTORA DE RR. HH.: Buenos días, señorita Maldonado.
>
> CANDIDATA: Buenos días, señora Gallardo.
>
> DIRECTORA DE RR. HH.: En la **carta de presentación** que adjuntó con su **currículum** mostraba mucho interés por trabajar como vendedora en nuestra **empresa.** No es fácil encontrar personas a quienes les guste vender.
>
> CANDIDATA: A mí me encanta, porque me gusta el trato con la gente y creo que tengo buenas cualidades para las ventas.
>
> DIRECTORA DE RR. HH.: Perfecto. Pero he leído en su currículum que ha cambiado tres veces de trabajo en el último año. ¿Por qué la **han despedido** tantas veces?
>
> CANDIDATA: Nunca me han despedido, siempre me he marchado yo. El problema es que en todos los trabajos me **contrataron** como **becaria,** con un **sueldo** muy **bajo** y además las **posibilidades de promoción** eran escasas.
>
> DIRECTORA DE RR. HH.: ¿Por qué? Porque usted ha ido **adquiriendo experiencia** en cada **empleo**…
>
> CANDIDATA: Porque a las empresas les resulta más barato **contratar becarios** y tienes que esperar a que un trabajador **se jubile** para que te ofrezcan un **contrato** que no sea de becario o de **estudiante en prácticas.**
>
> DIRECTORA DE RR. HH.: ¿Por qué escribió a este **anuncio de trabajo?**
>
> CANDIDATA: Precisamente porque pensé que mi formación y experiencia se ajustaban a las funciones del **puesto de trabajo.**
>
> DIRECTORA DE RR. HH.: Nuestra empresa podría ofrecerle un **contrato de ayudante** en el **departamento de ventas** durante seis meses, y después si estamos contentos con su trabajo le ofreceríamos un **contrato fijo** como **comercial.** ¿Qué le parece?
>
> CANDIDATA: Me parece muy bien. Me sentiría más segura al tener más **estabilidad laboral.**
>
> DIRECTORA DE RR. HH.: El sueldo de inicio son 1.000 euros, pero le ofrecemos **formación a cargo de la empresa.** ¿Le interesa?
>
> CANDIDATA: Bueno, el sueldo no es muy alto, pero si los **cursos de formación** los paga la empresa y son dentro de mi horario de trabajo, me parece bien.

Unidad 6

Directora de RR. HH.: Sí, la jornada laboral es de ocho horas, de lunes a viernes, pero el **horario** es **flexible**. ¿Tiene **total disponibilidad** para viajar a otras ciudades?

Candidata: Sí, totalmente. ¿Cuándo tendría que empezar a trabajar?

Directora de RR. HH.: La **incorporación es inmediata.** Empezaría a trabajar la próxima semana si le viene bien.

Candidata: Perfecto. **¿Firmaré el contrato** hoy o tengo que volver otro día?

Directora de RR. HH.: El mismo día de su incorporación a la empresa.

2 Diga si las siguientes afirmaciones son verdaderas (V) o falsas (F).

	V	F
a) A la señorita Maldonado le gusta vender.	✓	
b) A la señorita Maldonado la despiden de todos los trabajos.		✓
c) La directora de Recursos Humanos piensa que tiene experiencia suficiente.	✓	✓
d) A las empresas les resulta muy caro contratar becarios.		✓
e) A la directora de Recursos Humanos le interesa que tenga disponibilidad para viajar.	✓	
f) La señorita Maldonado quiere un contrato en prácticas.		✓
g) La directora de Recursos Humanos le ofrece formación a cargo de la empresa.	✓	

3 Complete los enunciados con las palabras o expresiones propuestas.

> estabilidad laboral / experiencia reconocida o demostrada
> formación continua / contrato temporal / disponibilidad total

1. Lleva trabajando en esta empresa más de 20 años, conoce perfectamente su oficio. Tiene _experiencia reconocida o demostrada_.

2. Soy responsable del departamento comercial, viajo por todo el país y también por el extranjero. Tengo _disponibilidad total_.

3. En algunas empresas de servicios contratan a sus colaboradores cada seis meses. Tienen un ~~formación continua~~ _contrato temporal_.

-48-

UNIDAD 6

4. En mi empresa hacen contratos fijos cuando se cumplen los seis meses. El empleado tiene ..estabilidad laboral..

5. La mejor inversión de una empresa es proporcionar conocimientos a sus empleados con la ..formación continua..

4 Elija la definición adecuada para cada palabra.

1. Sindicato (union)
2. Oficio
3. Sustituto
4. Empleado
5. Oferta de empleo (job offer)
6. Demanda de empleo
7. Contrato
8. Despedir — to fire
9. Estabilidad laboral
10. Jubilarse (retire)
11. Huelga (strike)
12. Posibilidad de promoción
13. Pensión

a) Persona que hace el trabajo de otra de forma temporal. 3
b) Propuesta para contratar a un trabajador.
c) Dejar de trabajar para reivindicar unos derechos. 11
d) Mejora en el puesto de trabajo.
e) Asociación de trabajadores para defender sus intereses. 1
f) Trabajador remunerado de una empresa. 4
g) Dinero mensual que recibe una persona cuando deja de trabajar.
h) Dejar de trabajar por haber alcanzado una determinada edad.
i) Echar a alguien de su trabajo.
j) Petición de un puesto de trabajo.
k) Documento legal que recoge los derechos y obligaciones de un trabajador.
l) Profesión que se ejerce. 2
m) Permanencia en un trabajo.

Unidad 6

5 Complete las oraciones con estos términos que le proponemos.

> sustituta / pensión / posibilidad de promoción / sindicato / puesto de trabajo / subida salarial / demanda de empleo / contrato / empresa oferta de empleo / jubilación anticipada

1. Los miembros del .... han decidido dejar de trabajar durante 48 horas si el director de la .... no firma una .... de un 5%.

2. Estoy sustituyendo a la secretaria del director porque está de vacaciones. Si lo hago bien, me han prometido que dejaré de ser .... y me ofrecerán un .... fijo.

3. Me fui de mi empresa porque era muy pequeña y no me ofrecían ninguna .... Iba a estar en el mismo .... toda mi vida.

4. En tiempo de crisis, la .... es superior a la ....

5. Mi madre tiene 50 años pero no se encuentra bien de salud, por eso va a pedir una .... aunque le quede una .... más pequeña.

6 Lea este diálogo y complete.

> pensión   becario / estudiante en prácticas   despidiendo / echando
>
> contratado   sueldo   jubilado   promocionaron   contrato

—Hola, tío, ¿qué tal estás?

—Bien, hijo, estoy recién .... y ahora puedo dedicarme a disfrutar del tiempo.

—¡Qué suerte, tío!, porque después de casi cuarenta años supongo que te habrá quedado una buena ....

—Sí, sí, no me quejo. ¿Y a ti? ¿Cómo te va?

—Yo estoy empezando ahora mi vida laboral. Te llamo para darte la noticia: me han hecho por fin un contrato fijo después de estar casi dos años de .... en la empresa.

—¡Qué buena noticia! Pero... ¡si me dijiste que estaban .... gente!

–Sí, despidieron a algunos compañeros de otro departamento, pero también .... a otros.

–¡Oye! ¿Y cuánto vas a ganar? Supongo que te habrán subido el .... después de tanto tiempo.

–Sí, claro, aunque no mucho. Pero lo importante ahora es que me renovaron el contrato y puedo seguir haciendo planes de futuro.

–¿Qué puesto ocupas? ¿Sigues como administrativo en el departamento de ventas?

–No, ahora soy el responsable del departamento de contabilidad. Firmo el .... precisamente mañana. Por eso te llamaba, porque quiero celebrarlo.

–Cuenta conmigo. Yo jubilado y tú recién ....

7 Relacione estas competencias con el departamento correspondiente.

1. Diseño de estrategias de ventas (producto, precio, distribución y comunicación).
2. Financiación, presupuestos, seguros, inversiones.
3. Investigación y desarrollo de nuevas técnicas y productos.
4. Planificación y organización.
5. Equipo de ventas y administración comercial.
6. Planificación y programación, control de calidad, métodos y tiempos.
7. Planificación de personal, empleo y formación, contratación, relaciones laborales.
8. Pago de salarios y seguros sociales, facturación, archivo, contabilidad.

[Departamento de marketing]   [Departamento de producción]

[Departamento de dirección]   [Departamento comercial]   [Departamento financiero]

[Departamento de personal / recursos humanos]   [Departamento de administración]

[Departamento de Investigación y Desarrollo (I+D)]

8 Señale la palabra que no está relacionada con el término propuesto.

1. **Currículum:** historial laboral y educativo, jubilación, búsqueda de trabajo, entrevista.
2. **Demanda de empleo:** entrevista, despedir, contrato, condiciones laborales.
3. **Director de RR. HH.:** selección, contratar, ventas, formación.
4. **Posibilidades de promoción:** recursos humanos, estabilidad, formación, huelga.

7 ¡Qué sucia está esta cocina!
LABORES DOMÉSTICAS

¡FÍJESE!

- Pasar el aspirador
- Hacer la cama
- Escoba
- Aspirador
- Barrer
- Recogedor
- Trapo
- Fregona
- Plancha
- Tabla de planchar
- Limpiar / quitar el polvo
- Cuerda
- Fregar el suelo
- Cubo
- Planchar
- Preparar / hacer la comida
- Delantal
- Tender la ropa

FRASES ÚTILES

Casi no queda comida. Hay que hacer la compra hoy mismo.

Saca la basura. Tírala al contenedor de reciclaje.

Esta casa está muy sucia, hay polvo y papeles por todas partes.

No dejes los platos sucios ahí. Quita la mesa.

El congelador no funciona; está estropeado.

Con este estropajo se friegan muy bien los platos.

Ejercicios

Palabras en contexto

1 Lea el siguiente texto.

> ALBA: ¡Rodrigo! ¿**Fregaste el suelo** del baño?
>
> ANTONIO: No te oye. Está **barriendo** el salón.
>
> RODRIGO: ¿Qué dices?
>
> ALBA: Que si fregaste ya el suelo del baño.
>
> RODRIGO: Pues no, todavía no. Estoy barriendo…
>
> ALBA: ¿Y por qué no **pasas el aspirador**? Es mucho más rápido…
>
> RODRIGO: El aspirador **está estropeado.**
>
> ALBA: ¿Estás seguro? Quizás solo está **mal enchufado…** ¡Mira! ¿Lo ves? Ya **funciona.**
>
> RODRIGO: De acuerdo. Entonces paso el aspirador en el salón y después friego el baño.
>
> ANTONIO: ¿Y yo qué hago?
>
> RODRIGO: Tú puedes **hacer las camas.**
>
> ALBA: No, cada uno que se haga su cama. Mejor **haces la compra.**
>
> ANTONIO: De acuerdo, pero luego no voy a **planchar…** Ya sabéis que lo odio.
>
> ALBA: ¡Como si nos gustara a nosotros! Pero tenemos que repartirnos las **labores domésticas** entre los tres. A todos nos gusta que la casa esté **limpia.**
>
> RODRIGO: Yo me encargo de **sacar la basura** todos los días, así que no voy a planchar.
>
> ALBA: Y yo **tiendo la ropa** todos los días.
>
> RODRIGO: ¡Todos los días no! No **ponemos la lavadora** todos los días porque no tenemos ropa **sucia** todos los días…
>
> ANTONIO: ¡No empecemos! Está claro que no a todos nos gusta hacer las mismas labores domésticas. A mí, por ejemplo, no me importa **limpiar el polvo…**
>
> ALBA: Pues yo lo odio… A mí en cambio no me importa planchar, me gusta y me entretiene. También me gusta **poner** y **quitar la mesa.**
>
> RODRIGO: Pues yo prefiero hacer otras cosas…, pequeñas cosas que son necesarias para la vida en común.

UNIDAD 7

> **ANTONIO:** ¿Por ejemplo?
>
> **RODRIGO:** Poner música en casa, colgar un espejo o un cuadro…
>
> **ALBA:** Oye, ¡estamos hablando de colaborar en casa y compartir las **tareas domésticas**!
>
> **RODRIGO:** ¡Y yo también!… ¿O es que no es colaborar **encender** y **programar** el **horno** para hacer un exquisito pollo asado, sacar unos ricos helados del **congelador** y poner la **cafetera** para hacer un café?
>
> **ANTONIO:** ¡Voy ahora mismo a comprar un pollo, café y helados!
>
> **ALBA:** ¡Date prisa! Rodrigo nos va a **preparar la comida**… ¡Por fin!
>
> **RODRIGO:** Ahora mismo me pongo el **delantal.** Les haré una comida tan rica que se van a chupar los dedos.

2 Marque ahora verdadero (V) o falso (F).

	V	F
a) Rodrigo está barriendo el salón.	☐	☐
b) El aspirador está estropeado.	☐	☐
c) Rodrigo hace la cama de todos.	☐	☐
d) Alba tiende la ropa todos los días.	☐	☐
e) A Alba le gusta planchar.	☐	☐
f) Antonio odia quitar el polvo.	☐	☐
g) Rodrigo siempre apaga el horno.	☐	☐

3 Elija el verbo apropiado y complete las oraciones con el verbo en su forma correspondiente.

> hacer (2 veces) / planchar / encender / programar / preparar / limpiar / tirar / tender

1. Antonio va a ………………………… la compra.

2. Rodrigo ………………………… la comida ayer.

3. Antonio se encarga de ………………………… el polvo.

4. Por favor, ………………………… el horno para las 2:00.

5. Carlos, ¿anoche ………………………… la basura?

UNIDAD 7

6. Cuando acabe la lavadora, hay que .... la ropa y cuando esté seca hay que .... las camisas.

7. ¡.......................... la cama antes de irte!

8. Para que funcione el horno, primero tienes que ....lo.

4 **Complete la tabla de verbos con palabras de esta unidad relacionadas con ellos.**

Fregar	
Hacer	
Limpiar	
Preparar	
Tender	
Pasar	
Sacar	
Programar	
Poner	
Enchufar / desenchufar	

5 **Lea estas oraciones y subraye la opción correcta.**

1. No te olvides de echar **polvo** / **detergente** antes de poner la lavadora.
2. Para barrer es necesario tener un **recogedor** / **trapo** y una **fregona** / **escoba**.
3. Dame un **trapo** / **aspirador** para limpiar bien los cristales de la ventana.
4. El cubo de la basura está lleno. Hay que **quitar** / **sacar** la basura y tirarla en el contenedor para reciclar.
5. ¿Dónde está la **escoba** / **tabla** de planchar?
6. Esta lavadora no está **estropeada** / **sucia**. Funciona estupendamente.

6 **Ordene las palabras para formar oraciones.**

1. fregar la cocina Hay que muy sucia porque está
   ....
2. ha terminado Apaga el lavavajillas que ya
   ....
3. muy la limpia Tienes casa
   ....
4. las he y barrido hecho He ya camas
   ....

UNIDAD 7

7 Clasifique las siguientes actividades según necesiten electricidad o no.

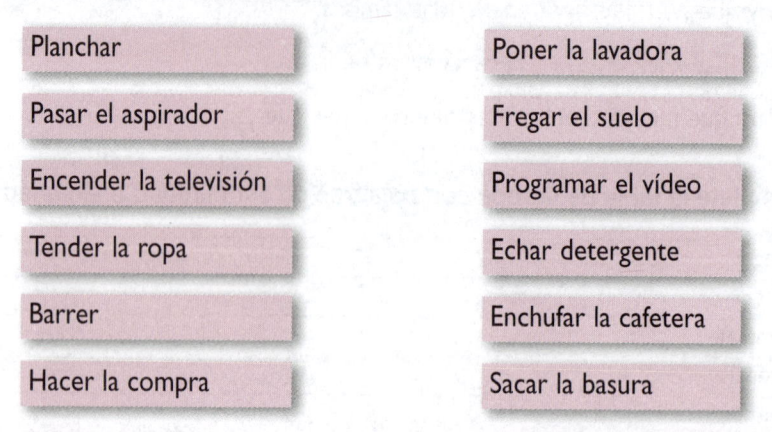

Planchar

Pasar el aspirador

Encender la televisión

Tender la ropa

Barrer

Hacer la compra

Poner la lavadora

Fregar el suelo

Programar el vídeo

Echar detergente

Enchufar la cafetera

Sacar la basura

SÍ	NO

8 Relacione las dos columnas.

1. escoba
2. delantal
3. estropajo
4. plancha
5. trapo

a) limpiar
b) fregar los platos
c) hacer la comida
d) barrer
e) planchar

9 Escriba los contrarios de las siguientes palabras.

1. Enchufar: ....
2. Limpio: ....
3. Apagar: ....
4. Poner (la mesa): ....

UNIDAD 7

10 Observe los dibujos y escriba una indicación para cada uno. Siga el ejemplo.

a) ....*Haz la cama.*..................

b) ....

c) ....

d) ....

-57-

Cuidamos nuestra alimentación

ALIMENTACIÓN Y DIETA SANA

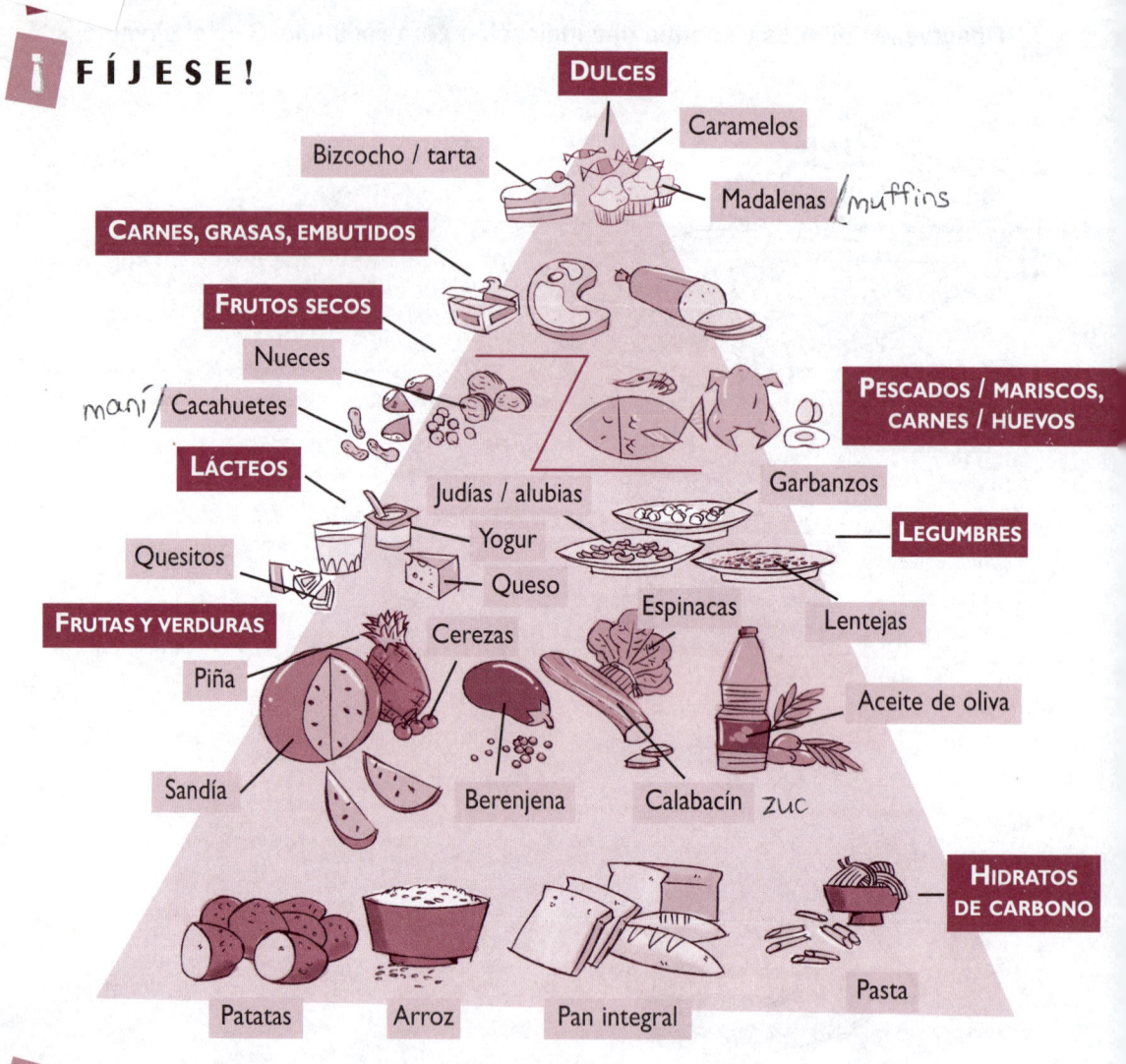

¡FÍJESE!

DULCES
- Bizcocho / tarta
- Caramelos
- Madalenas / muffins

CARNES, GRASAS, EMBUTIDOS

FRUTOS SECOS
- Nueces
- maní / Cacahuetes

PESCADOS / MARISCOS, CARNES / HUEVOS

LÁCTEOS
- Quesitos
- Judías / alubias
- Yogur
- Queso

LEGUMBRES
- Garbanzos
- Lentejas

FRUTAS Y VERDURAS
- Piña
- Cerezas
- Espinacas
- Sandía
- Berenjena
- Calabacín zuc

- Aceite de oliva

HIDRATOS DE CARBONO
- Patatas
- Arroz
- Pan integral
- Pasta

FRASES ÚTILES

La dieta sana tiene alimentos naturales, sin conservantes ni colorantes.

Para mantenerte en forma tienes que tomar alimentos ricos en proteínas y vitaminas, pero bajos en calorías.

Para hacer bien la digestión se recomienda comer lenta y moderadamente.

La comida dietética es una alimentación alternativa para las personas diabéticas.

Una dieta vegetariana consiste fundamentalmente en no comer carne.

La dieta mediterránea es muy variada; incluye carnes, pescados, legumbres, verduras, frutas y aceite de oliva.

Ejercicios

Palabras en contexto

1 Lea el siguiente texto.

La **dieta mediterránea** es un ejemplo de **dieta equilibrada** según muchos estudios serios. Para comer de manera **saludable** y evitar problemas como el **sobrepeso** o el **colesterol**, debemos comer **alimentos** muy variados y hacer ejercicio moderado diariamente.

Para que te sea más fácil, recuerda que en tu dieta deben predominar los **productos vegetales**, sobre todo **hortalizas, verduras, legumbres, cereales** y **frutas,** cocinar con **aceite de oliva** y dar prioridad al **pescado**, aunque también puedes comer carne con moderación, a ser posible **carne blanca**, no **grasa**. El secreto está en saber combinarlos adecuadamente.

Conviene decir no a las **grasas** y sí a los **alimentos frescos**. Si tienes que hacer la comida, opta siempre por el **aceite vegetal, de oliva,** pero también en cantidades moderadas.

No olvides que las **proteínas** se pueden obtener no solamente de la **carne,** los **huevos** y los **productos lácteos**. También las **legumbres** y los **cereales** son excelentes porque tienen proteínas, carecen de **grasa** y con ellos ganas en **minerales, vitaminas y fibra.**

Consume con frecuencia **ensaladas** y **fruta fresca** y olvídate de los **platos preparados** y las **conservas,** que eliminan gran parte de las vitaminas y minerales que contienen los alimentos.

La carne, el pescado y las legumbres serán mucho más **nutritivos** si los **condimentas** con un chorrito de limón. Evita abusar de los **embutidos:** un poco de **lomo, salchichón** o **chorizo** pueden ser una buena tapa o un buen aperitivo, pero solo de vez en cuando.

En la variedad y el equilibrio en la alimentación está el secreto de una dieta sana.

2 Marque verdadero (V) o falso (F) en estas afirmaciones.

	V	F
a) La dieta mediterránea es desequilibrada porque solo incluye hidratos de carbono.	☐	☑
b) Las legumbres contienen demasiadas grasas, por lo que deben evitarse.	☐	☑
c) Los platos preparados pierden parte de las vitaminas y los minerales de los alimentos.	☑	☐
d) Las proteínas se encuentran solamente en la carne y los huevos.	☐	☑
e) La fibra es un componente que está sobre todo en los cereales.	☑	☐

UNIDAD 8

3 Diga en qué secciones podría encontrar los siguientes productos.

vino reserva | chuletas de cerdo | pechuga de pollo | leche entera | lentejas

vino blanco | licor de café | chorizo | cerveza | garbanzos | yogur de cerezas

solomillo de ternera | nata | salchichón | mantequilla | judías blancas | refrescos

Lácteos	Carnes	Bebidas	Embutidos	Legumbres
leche yogur nata mantequilla	chuletas pollo solomillo	~~chorizo~~ vino reserva vino blanco licor de café cerveza refrescos	chorizo salchichón	lentejas garbanzos judías blancas

4 Indique a qué categoría corresponden las siguientes oraciones.

1. Esta infusión está muy caliente.
2. ¿Quieres tomar una copa?
3. Después de tanto alcohol, se va a emborrachar y puede tener resaca.
4. Cómelo sin preocuparte, es muy bajo en calorías.
5. Tienes que preparar el pollo porque puede ponerse malo y pudrirse.
6. Voy a abrir una botella de vino de reserva para la cena.
7. Es conveniente cenar con moderación para hacer bien la digestión.
8. Me gusta mucho la cerveza cuando está bien fría. Me quita la sed.
9. Hay que masticar despacio para tener una buena digestión.
10. El kiwi y la piña me parecen alimentos muy refrescantes.
11. Mi abuela hace unas madalenas caseras riquísimas y muy naturales.
12. Mi hijo no come, devora cuando llega del cole.

BEBIDAS: 1, 2, 3, 6, 8
COMIDAS: 4, 5, 7, 9, 10, 11, 12

5 Señale la palabra intrusa en las series siguientes.

1. Vino rosado   licor   infusión   cóctel
2. Garbanzos   espinacas   lentejas   legumbres
3. Berenjena   calabacín   yogur   guisantes
4. Aceite de oliva vinagre huevo   aceite de girasol

6 Prepare dos dietas, una baja en calorías y otra alta en calorías, seleccionando los productos de la lista.

[vino rosado / espinacas / agua / pasteles de crema / pechuga de pollo
chuletas de cerdo / chorizo / yogur / cerezas / salchichón]

Dieta baja en calorías	Dieta alta en calorías
....	....
....	....
....	....

7 Los refranes son parte de la cultura de un pueblo. Léalos con atención y una el refrán con su significado.

1. Pan y queso saben a besos.
2. Espinacas, muchas metes pocas sacas.
3. Por un garbanzo no se desperdicia la olla.
4. A falta de pan, buenas son tortas.
5. Se come más con los ojos que con la boca.
6. El arroz, el pez y el pepino nacen en agua y mueren en vino.

a) Expresar conformidad al sustituir una cosa por otra.
b) Se aconseja beber vino y no agua para digerir mejor estos tres alimentos.
c) Se dice de un alimento que disminuye notablemente, porque su cocción lo reduce al mínimo.
d) Se dice de alguien que se enfada y se va y no por ello se altera el plan.
e) Una combinación que gusta, que apetece.
f) La buena presentación es muy importante en la comida.

¡Esta comida sabe fatal!

MENÚS, PLATOS, RECETAS

¡FÍJESE!

- Creo que aquí el **marisco** es muy **fresco**.
- Ya lo sé, pero yo prefiero **tomar** unas **chuletas de cerdo** muy hechas.
- ¡Qué **croquetas** más crujientes! Están muy **ricas**.
- Pero si ayer comiste carne. ¿Por qué no **pruebas** otra cosa?
- Es que me apetece comer carne. Así que, como **entrante**, podríamos **pedir** una **tabla de embutidos**.
- Pues esta sopa **no sabe a nada**. Parece agua sucia.
- Y el filete **sabe fenomenal**.
- Pues este pescado está muy **salado**.
- No te quejes, que yo no me quejo de tu comida.

FRASES ÚTILES

- Por favor, tráigame el menú del día.
- Aquí la parrillada de verduras está buenísima. Te la recomiendo.
- Este pescado está malísimo. Además sabe a quemado.
- La carne está muy dura y cruda. No volveremos a este restaurante.
- A mí la comida picante no me sienta bien.
- ¡Qué soso! Pruébalo. No sabe a nada.

UNIDAD 9

EJERCICIOS

PALABRAS EN CONTEXTO

1 Lea el siguiente texto e indique verdadero (V) o falso (F).

La dietética china clasifica los **alimentos** según sus **temperaturas** y sus **sabores.** Cuanto más **caliente,** más energía yang y cuanto más **frío,** más energía yin. Esto permite controlar la alimentación de manera que cuando uno se siente estresado, puede relajarse, y cuando se está muy cansado, puede estimularse.

Según su sabor, el alimento incide más sobre unos órganos que sobre otros:
– Los alimentos **picantes,** como la **pimienta,** tonifican el pulmón y el intestino grueso y su apetencia se relaciona con la tristeza.
– Los alimentos **salados,** con **exceso de sal,** estimulan el riñón. Su exceso es dañino para el corazón.
– Los alimentos **ácidos,** como el **limón,** son buenos para el hígado. Convienen a las personas que se enfadan con facilidad.
– Los alimentos **dulces,** como el **chocolate,** son beneficiosos para el estómago y su apetencia implica preocupación.
– Los alimentos **amargos,** como el pomelo, estimulan el corazón y el intestino delgado y son recomendables contra la retención de líquidos. Se relacionan con la alegría y el amor.

	V	F
a) La temperatura de los alimentos no tiene ninguna influencia en la persona.	☐	☑
b) El sabor de los alimentos afecta de diferente manera a los órganos del cuerpo.	☑	☐
c) Los dulces están relacionados con el amor y la felicidad.	☐	☑

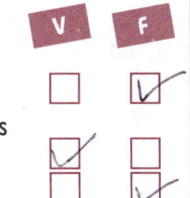

2 Señale con qué sabores relacionaría los siguientes alimentos.

Atún — S
Merengue — D
Cerezas — D
Chile / guindilla — P
Flan de huevo — D
Café — A
Aceitunas / olivas — S
Embutido — S

- Salados
- Dulces
- Amargos
- Picantes

-63-

Unidad 9

3 Le presentamos dos recetas de cocina típica española. Lea las instrucciones, subraye los verbos que indican las formas de cocinar y póngalos en infinitivo.

Sopa de pescado

INGREDIENTES

- 100 gramos de rape limpio
- 200 gramos de pescadilla limpia
- 12 gambas peladas
- 300 gramos de mejillones
- 1 cebolleta
- 2 dientes de ajo
- 1 tomate maduro
- 1 huevo cocido
- agua

Preparación

Pon en una cazuela los mejillones con un poco de agua fría. Caliéntalos al fuego hasta que se abran; sácalos y reserva el caldo. En otra cazuela pon a cocer el pescado con 2 litros de agua y un diente de ajo y sazona. Cuando empiece a hervir, quita la espuma y déjalo cocer a fuego muy suave hasta que el caldo se reduzca a la mitad. Cuélalo y reserva.

Pica muy fina la cebolleta y ponla a rehogar con aceite y un diente de ajo en una cazuela grande. Cuando se dore, añade la salsa de tomate y el caldo dejando cocer todo por espacio de unos minutos. Por último, agrega el pescado troceado, las gambas y el huevo cocido también picado. Rectifica de sal, deja cocer otros 4 minutos y sirve la sopa acompañándola de pan frito.

Paella

- Arroz: 400 gramos
- Pollo: 800 gramos
- Conejo: 600 gramos
- Judías blancas: 400 gramos
- Judías verdes: 150 gramos
- Aceite de oliva: 1 cucharada
- Ajo: 1 diente
- Caldo de pescado: 1 litro
- Tomate: 1 pelado y maduro
- Pimentón, azafrán, sal

Preparación

Se cortan en pedazos uniformes el pollo y el conejo. Se calienta aceite en la paellera y se sofríe muy lentamente la carne. Cuando quede bien sofrita y dorada, se añaden las judías y se sofríen igualmente, vigilando que no se quemen. Se añaden el ajo, el pimentón y el tomate. Se agrega 1 litro de caldo inmediatamente. Se añade el azafrán y se reparte el arroz uniformemente por toda la paella. Se la deja cocer a fuego muy vivo durante 20 minutos.

A continuación se quita la paella del fuego y se tapa con el fin de que termine de hervir más lentamente y el arroz del fondo se queme y se pegue a la paellera, lo justo para dejar en la paella un sabor exquisito.

UNIDAD 9

4 Para indicar cualidades de los alimentos se usan los adjetivos participios que derivan de las acciones que se hacen para prepararlos. Complete las formas que siguen.

1. Cocer — cocido - cooked
2. Freír — ~~freído~~ frito, fried / stir-fried
3. Sofreír — ~~sofreído~~ sofrito
4. Asar — asado - roasted
5. Hervir — hervido - boiled
6. Rehogar — rehogado - sautéed
7. Dorar — dorado - browned
8. Hornear — horneado - baked
9. Rebozar — rebozado - breaded
10. Aliñar — aliñado - seasoned
11. Quemarse — quemado - burned

5 Complete las oraciones con adjetivos del ejercicio anterior.

a) Me encantan los filetes de pescado *rebozados* con harina y huevo. Saben muy bien, pero hay que ...*freír*... los con mucho aceite de oliva.

b) Para no engordar es mejor preparar la comida en el horno. El pollo *asado* sienta muy bien con un poco de pimienta y de limón, y bien *dorado* para que esté crujiente.

c) Para preparar una buena menestra (stew) lo mejor es *hervido* las verduras con poca agua, *freír* unos ajos con poco aceite y *rehogar* la verdura en la misma sartén.

d) Esta ensalada no sabe a nada. Anda, trae aceite, sal y vinagre para *aliñar*la.

6 Las palabras de la izquierda se combinan normalmente con las de la derecha. Para descubrir las combinaciones puede leer otra vez las dos recetas.

1. gramos de h	a)	aceite
2. docena de f	b)	azafrán
3. diente de g	c)	caldo
4. taza de e	d)	tomate
5. salsa de d	e)	arroz
6. una cucharadita de b	f)	huevos
7. litro de c	g)	ajo
8. cucharada de a	h)	judías verdes

Unidad 9

7 Aquí le damos una serie de expresiones muy útiles relacionadas con las comidas y las bebidas. Indique en qué situaciones se pueden emplear.

1. Elegir algún plato típico
2. Dar la receta
3. Saber mal
4. Saber fenomenal
5. Estar muy hecho
6. No saber a nada
7. No sentar bien la comida
8. Ir a tomar una copa
9. Estar borracho
10. Tener resaca

a) Te encuentras con un amigo después de cenar y queréis conversar un rato. [8]

b) La comida tiene un gusto muy desagradable. [3]

c) Estás de visita en un lugar que no conoces, como turista. [1]

d) La crema no tiene gusto, no sé de qué es. [6]

e) Explico a mi amigo cómo se hace la tortilla de patatas. [2]

f) Me siento mal, con dolor de cabeza, anoche bebí demasiado alcohol. [10]

g) No digieres bien la comida. Te sientes pesado. [7]

h) Tiene un sabor muy bueno, sabroso, para repetir. [4]

i) La carne asada está demasiado frita y un poco seca. [5]

j) Estás demasiado alegre, hablas mucho, has bebido mucho alcohol. [9]

UNIDAD 9

8 De la siguiente lista de platos, señale cuáles son platos salados y cuáles son dulces, ideales como postre.

1. Filete de merluza con tomate.
2. Flan de dulce de leche.
3. Chuletas de cerdo con guindilla y ají.
4. Dulce de membrillo.
5. Empanada de carne.
6. Puchero de carne y de gallina.
7. Tarta de acelga y queso parmesano.
8. Arrollado de chocolate con almendras.
9. Milanesa de ternera con salsa de champiñones.
10. Torta de naranja con cobertura de chocolate.
11. Pechuga de pollo con patatas fritas.
12. Helado de crema de vainilla y fresas.

Salados 1, 3, 5, 6, 7, 9, 11

Dulces 2, 4, 8, 10, 12

9 Complete el texto con las expresiones siguientes.

- no sabe a nada
- menú del día
- chuletas de cordero muy hechas
- marisco fresco
- pescado al horno
- tabla de embutidos

El restaurante que han elegido Luis y Carlos tiene un *menú del día* a buen precio. Por 12 euros pueden elegir de entrada una *tabla de embuti* o *marisco fresco*. El plato principal siempre incluye carnes, pescados o legumbres. Luis ha pedido *chuletas de cordero*, le gustan mucho las que tienen hueso largo. Carlos está a régimen y ha preferido un *pescado al horno* pero se lo han traído muy soso, sin condimentos, por lo que *no sabe a nada*.

Menú del día — 12 €
Primeros
• Sopa de pescado
• Menestra de verduras
Segundos
• Pollo asado
• Pescadilla rebozada
Incluye una bebida y postre o café

¿Qué estudias?
EDUCACIÓN

¡FÍJESE!

Hola, Mary, ¿cómo te fue?

Voy a Secretaría, a solicitar una beca.

Bien. **No me quedó ninguna asignatura.** ¿Y tú? ¿Adónde vas?

Yo voy a **matricularme** de tercero de **carrera**. Me gustaría hacer un **intercambio** este verano con algún estudiante de Europa.

¿Qué tal **te salió tu examen** de hoy?

Uf, estaba agotada, me lo **aprendí de memoria**... y se me ha olvidado todo.

FRASES ÚTILES

He suspendido la asignatura. Saqué una nota media de 4,75.

—Estoy muy contenta, he aprobado el curso. Puedo seguir disfrutando de la beca.

—Yo, sin embargo, creo que voy a repetir curso.

—¿Te quedan muchas asignaturas pendientes?

—Me quedaron cuatro.

Ayer conocí al novio de Alicia. Es licenciado en Historia y ahora está haciendo el doctorado.

UNIDAD 10

EJERCICIOS

PALABRAS EN CONTEXTO

1 Lea este diálogo entre dos estudiantes.

PATRICIA: ¿Qué tal te ha salido la **prueba** de Literatura española?

MÓNICA: El **test** bien, pero el **examen oral** me ha salido fatal. Creo que voy a **suspender.**

PATRICIA: A lo mejor **apruebas...**

MÓNICA: No creo, la profesora es muy dura cuando **corrige los exámenes.**

PATRICIA: Si suspendes vas a tener que **repetir curso.**

MÓNICA: Ya lo sé. Pero esta **asignatura** es muy difícil...

PATRICIA: A mí me parece fácil. Creo que voy a **sacar buena nota.** El examen oral me ha salido mejor que el **examen escrito.** Si quieres... te puedo echar una mano.

MÓNICA: Pues te lo agradecería mucho. Y tú... ¿qué vas a hacer este verano?

PATRICIA: Este verano me voy de **intercambio** y no quiero **tener** ninguna **asignatura pendiente.**

MÓNICA: Yo quería irme a **hacer prácticas** a un colegio, pero no creo que pueda.

PATRICIA: ¿Qué ibas a **enseñar?**

MÓNICA: ¡Literatura española! ¡Como **olvido** todo lo que **aprendo...!** Sería una buena manera de retener lo estudiado.

PATRICIA: Yo creo que te pasa eso porque estudias **de memoria.** Precisamente, para **recordar** lo que has estudiado no puedes hacer eso. Hay que **memorizar,** sí, pero también hay que **reflexionar, pensar...**

MÓNICA: Tienes razón, porque llega la hora del examen y **me quedo en blanco.**

PATRICIA: Por eso te digo que cambies de método de estudio. Por ejemplo, es muy bueno **sacar conclusiones** una vez memorizado un tema.

MÓNICA: Lo intentaré. Parece muy fácil, pero no lo es.

PATRICIA: Sobre todo requiere esfuerzo... ¡Anda! ¡No seas tan vaga!

UNIDAD 10

2 Ahora, relacione ambas columnas.

1. Patricia consigue buenos resultados… — f)
2. Patricia va a ir de intercambio… — a)
3. Mónica no podrá ir a hacer prácticas… — e)
4. A Mónica le ha salido mejor… — c)
5. A Patricia le ha salido mejor… — d)
6. Mónica saca mala notas… — b)

a) porque va a aprobar.
b) porque estudia de memoria.
c) el examen escrito que el oral.
d) el examen oral que el escrito.
e) porque va a suspender.
f) porque tiene un buen método de estudio.

3 Elija el verbo más apropiado en su tiempo correspondiente y complete los enunciados.

1. Si tienes buenas notas, ...*pide*... una beca a la universidad (pedir, ganar, dar).
2. Enhorabuena. Has ...*ganado*... una beca (dar, ganar, solicitar).
3. Primero te matriculas y luego ...*solicitas*... una beca (solicitar, ganar, conceder).
4. Creo que le han ...*ganado / concedido*... la beca que solicitó (conceder, solicitar, ganar).

4 Seleccione entre estas expresiones aquellas que se refieren o tienen relación con las definiciones que le damos.

> hacer un intercambio / tener una asignatura pendiente
> sacar buenas notas / examen oral / repetir curso

1. Ejercicio cuyo objetivo es calificar los conocimientos de un estudiante mediante la exposición verbal de un tema: ...*examen oral*...

2. Volver a estudiar las asignaturas de un curso porque no se ha obtenido una nota apropiada: ...*repetir curso*...

3. Suspender una de las materias que componen el programa de estudio: ...*tener una asignatura pendiente*...

4. Obtener calificaciones por encima de la media: ...*sacar buenas notas*...

5. Experiencia en la que un estudiante viaja al país de otro estudiante: ...*hacer un intercambio*...

UNIDAD 10

5 Añada a los verbos subrayados otros sustantivos posibles.

1. Hacer un examen, ~~realizar~~ un test, una prueba
2. Suspender un examen, una asignatura
3. Tener una buena nota, ...
4. Hacer un intercambio, ...
5. Repetir una asignatura, ...

6 Complete las oraciones con el verbo en su tiempo correspondiente.

> tener / hacer / tener una buena nota / suspender / quedar
> repetir / corregir / estudiar (2 veces) / sacar

PEPE: Ha dicho la profesora de Geografía que ya ha .... los exámenes. Vamos a ver las notas.

IRENE: A ver si esta vez ...., porque en el control de ayer tuviste muy mala suerte.

PEPE: Es porque no me dio tiempo de ....

IRENE: Mira, has .... con un 4. En cambio, en Matemáticas .... un 10, matrícula de honor.

PEPE: Tengo que .... más Geografía. Y tú, ¿qué tal?

IRENE: Yo no tenía que .... el examen de Geografía.

PEPE: ¿Por qué?

IRENE: Porque el año pasado no estudié mucho y este año .... curso.

PEPE: ¡Con lo fácil que es! Tómatela en serio o te volverá a ....

IRENE: Pues sí, se me ha atravesado esa asignatura. Voy a estudiar para ...., por lo menos, un aprobado.

Unidad 10

Palabras en contexto

7 **Lea este texto.**

Elena **cursó** sus **estudios** en una **escuela pública**. Acabó **bachillerato** y se matriculó después en una **universidad privada,** de reciente creación. Esta universidad inició su actividad hace un par de años; tiene dos **campus,** uno dedicado a las Ciencias Sociales y otro dedicado a la Tecnología. Cuenta con las instalaciones más modernas, tales como salas de estudio, **biblioteca** y **videoteca, laboratorio** y **aula multimedia.** La **secretaría** de la universidad se ocupa de matricular a los 1.500 alumnos que cursan estudios en sus aulas.

En la localidad donde estudia Elena hay tres **universidades públicas** y dos **escuelas de educación superior** sin rango universitario, que cubren todas las necesidades de la población en cuanto a educación superior se refiere.

8 **Marque ahora si las siguientes afirmaciones son verdaderas (V) o falsas (F).**

	V	F
a) La universidad donde estudia Elena es de pago.	☑	☐
b) Tiene más de un campus.	☑	☐
c) Hay 1.500 alumnos que estudian un máster.	☐	☑
d) Los alumnos gestionan la matrícula en la secretaría.	☑	☐
e) Elena siempre estudió en escuelas de pago.	☐	☑

9 **Escriba la palabra correspondiente a estas definiciones.**

1. Lugar donde se conservan los libros para su consulta y lectura: *biblioteca*
2. Ayuda económica que se concede a los estudiantes: *becas*
3. Terreno donde se encuentra una universidad: *campus*
4. Lugar con instrumentos o equipos para realizar experimentos: *laboratorios*
5. Establecimiento, público o privado, dedicado a la enseñanza: *escuela*
6. Inscripción en un centro educativo: *matrícula*

Unidad 10

10 Ordene las palabras para formar oraciones.

1. A VIDEOTECA A DE LA REVISAR VAMOS UNOS UNIVERSIDAD LA VÍDEOS
....

2. VEMOS ESTUDIO NOS LA DE EN SALA
   Nos vemos en la sala de estudio

3. PROFESORA LOS LA EXÁMENES CORREGIDO NO HA TODAVÍA
   La profesora todavía no ha corregido los exámenes

4. COMPLETADO MIS LABORALES HE PRÁCTICAS YA
   Ya he completado mis laborales prácticas

5. EXPERIENCIA UNA HA SIDO EL GRAN INTERCAMBIO
   El intercambio ha sido una gran experiencia

6. CIENCIAS SOCIALES APROBADO LAS CON UN HE SIETE
   He aprobado las ciencias sociales con un siete

11 Lea el diálogo y elija entre las alternativas.

FELIPE: Oye, ¿te vienes?

MANOLO: ¿Adónde vas?

FELIPE: Voy a la **biblioteca / secretaría / guardería** de la universidad a que me **devuelvan, pidan, hagan** el dinero de la **clase / nota / matrícula**.

MANOLO: ¿Por qué?

FELIPE: Porque este año me han otorgado una **nota / beca / facultad**.

MANOLO: A mi hermana Elena también le han dado una en el **laboratorio / colegio / centro de recursos**.

FELIPE: ¿Qué tal le va? ¿Dónde estudia?

MANOLO: Va a un **colegio público / colegio privado**.

FELIPE: Bueno, ¿vienes o no? Luego me voy a pasar por la **biblioteca / videoteca / secretaría** a devolver esta película.

MANOLO: Vale, te acompaño, que yo también voy a entregar este libro en la **biblioteca / videoteca / guardería**.

Unidad 10

Palabras en contexto

12 Lea este texto.

En España, la enseñanza obligatoria comienza a los 6 años y termina a los 16.

- La **Educación Infantil** incorpora a los niños y niñas desde los 0 años hasta los 6 años de edad.

- La **Educación Primaria** es obligatoria y se compone de tres ciclos, con dos cursos cada uno. Comprende desde los 6 hasta los 12 años.

- La **Educación Secundaria Obligatoria (ESO)** abarca desde los 12 hasta los 16 años y consta de dos ciclos con dos cursos cada uno: un **ciclo básico,** común a todas las orientaciones, y un **ciclo orientado,** según las distintas áreas del conocimiento. Proporciona formación necesaria para proseguir estudios de Bachillerato o de Formación Profesional de grado medio.

- **Bachillerato.** De carácter voluntario, consta de dos cursos que se imparten entre los 16 -18 años. Es una formación **preuniversitaria** que tiene como finalidad capacitar a los estudiantes para acceder a la educación superior y estudiar una **carrera.**

- La **Formación Profesional** prepara a los estudiantes para la actividad en un campo profesional. Incluye tanto la formación profesional de base como la específica de grado medio y de **grado superior.**

- La **Educación Superior** es impartida por la universidad y los institutos universitarios, que otorgan **títulos de grado (licenciatura)** y **posgrado (máster** y **doctorado).**

13 ¿A qué palabras del texto se refiere cada una de estas definiciones?

1. Título de postgrado universitario con orientación profesional especializada:

   ....

2. El más alto grado académico:

   ....

3. Enseñanza de carácter preuniversitario y de dos cursos de duración:

   ....

4. Forma de educación orientada a trabajar en un oficio:

   ....

UNIDAD 10

14 Complete la tabla.

ESTUDIOS	PERSONA
	bachiller
doctorado	
licenciatura	
	universitario
	graduado

15 Subraye el verbo adecuado y escríbalo en su forma correspondiente.

1. Hoy he aprobado la última asignatura, así que ya he **hacer** / **terminar** / **saber** / **empezar** la carrera: ....
2. Mi hija, de 16 años, está **estudiar** / **acabar** / **saber** / **empezar** el bachillerato Artístico porque quiere ser pintora: ....
3. Si **estudiar** / **terminar** / **saber** / **empezar** el doctorado tienes que terminarlo como máximo en cuatro años: ....
4. Es muy conveniente **acabar** / **terminar** / **saber** / **hacer** un máster después de acabar la carrera: ....

16 Relacione las situaciones y los consejos.

SITUACIÓN	CONSEJO
1. He acabado secundaria y me gustaría ponerme a trabajar enseguida.	a) Conviene que estudies un doctorado o un máster.
2. Ya he terminado la carrera pero quiero seguir estudiando.	b) Tienes que hacer la Enseñanza Secundaria Obligatoria.
3. He sacado muy buenas notas en el bachillerato y me gusta mucho estudiar.	c) Puedes empezar la universidad o Formación Profesional de grado superior.
4. He acabado primaria y no soy buen estudiante.	d) Es mejor que hagas Formación Profesional de grado medio.

17 Marque el intruso.

1. Licenciado   máster   doctor   universidad
2. Máster   secundaria   primaria   infantil
3. Doctorado   licenciatura máster   Formación Profesional
4. Carrera   postgrado   grado medio   ingeniería

-75-

11 ¿Tocas el violín?
MÚSICA Y DANZA

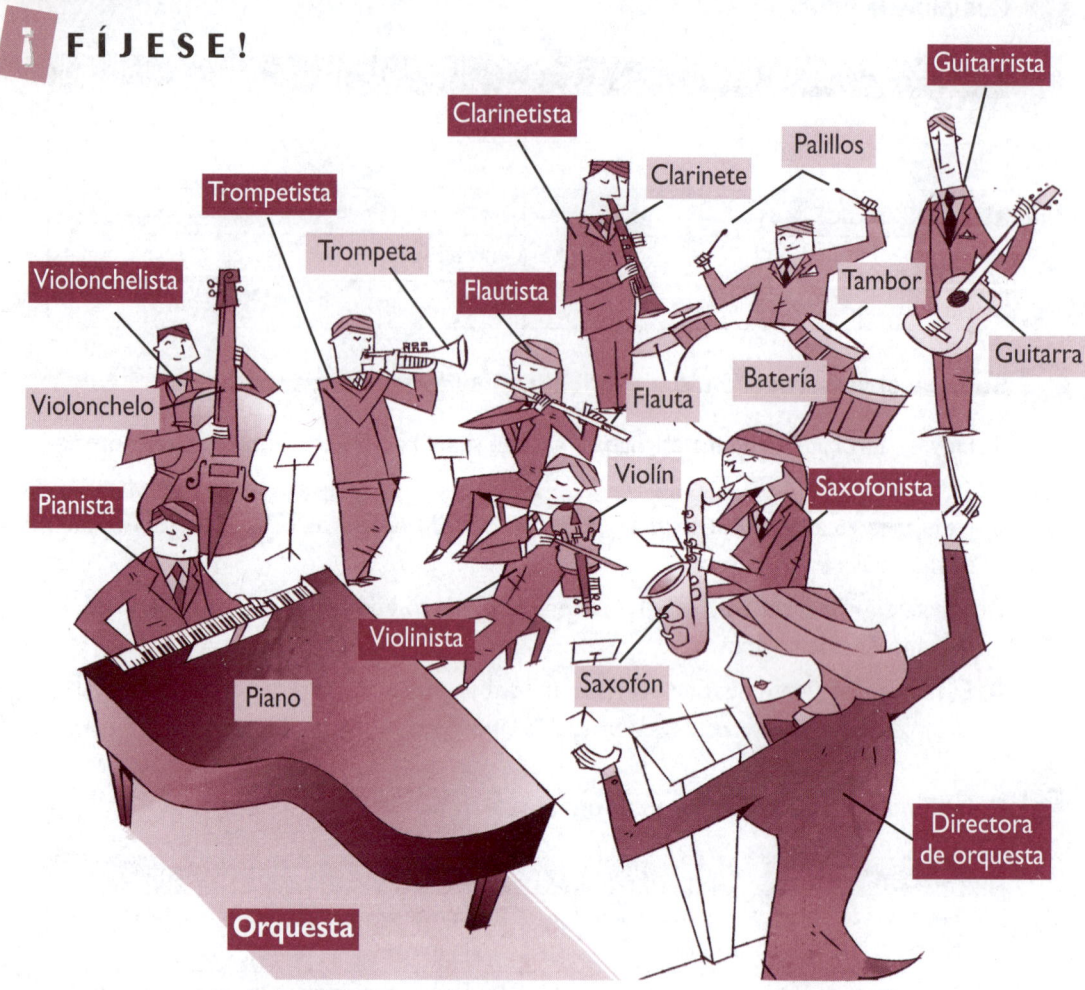

¡FÍJESE!

- Guitarrista
- Clarinetista
- Palillos
- Trompetista
- Clarinete
- Trompeta
- Tambor
- Violonchelista
- Flautista
- Violonchelo
- Flauta
- Batería
- Guitarra
- Violín
- Pianista
- Saxofonista
- Violinista
- Piano
- Saxofón
- Directora de orquesta
- Orquesta

FRASES ÚTILES

Me encanta la música.

No toco ningún instrumento porque tengo muy mal oído.

Yo sé tocar el piano.

Me encanta Larry Mullen, el batería de U2.

La bachata es el baile típico de la República Dominicana.

Las letras de las canciones de Julio Iglesias son muy románticas.

Bob Dylan es un gran compositor, pero no me gusta como cantante.

Esta compañía de ballet tiene unos magníficos bailarines.

UNIDAD 11

EJERCICIOS

PALABRAS EN CONTEXTO

1 Lea el siguiente texto sobre los tipos de instrumentos.

> Los instrumentos se clasifican en tres familias: instrumentos **de cuerda, de percusión** y **de viento.**
>
> La **guitarra,** por ejemplo, es un instrumento de cuerda porque produce **sonido** al hacer **vibrar** una **cuerda.**
>
> La **batería,** en cambio, es un instrumento de percusión porque produce sonido al **golpearlo.**
>
> La **flauta** es un instrumento de viento porque produce sonido cuando pasa **aire** por él, al **soplar.**
>
> Para saber **tocar** un instrumento es necesario **ensayar** muchas horas y tener buen oído.

2 Encuentre ahora la palabra intrusa en cada grupo.

1. Violín   guitarra   violonchelo   batería
2. Trompeta   flauta   guitarra   saxofón
3. Batería   palillos   trompeta   tambor

3 Adivine de qué instrumento habla cada adivinanza.

a *Parece que tengo dientes y cuando empiezo a hablar, todos mis dientes se mueven y no los puedo parar.*
....

c Mis caras redondas, ¡qué estiradas son!; a fuerza de golpes, así canto yo.
....

b **Tengo cuatro cuerdas, que un arco pone en acción; esta caja melodiosa te alegrará el corazón.**
....

d **Tengo forma de mujer en un cuerpo de madera.**
....

-77-

UNIDAD 11

4 Fíjese en estas expresiones que incluyen términos relativos a la música. Relaciónelas con su significado.

1. Si suena la flauta.
2. Ir con la música a otra parte.
3. Caridad y amor no quieren tambor.
4. Cantar las cuarenta.
5. Sonar a música celestial.
6. Estar siempre con la misma canción.

a) Regañar a alguien.
b) Marcharse a otro lugar a hacer lo que está haciendo.
c) Alguien muy pesado.
d) Tener mucha suerte.
e) Es mejor ser discreto.
f) Escuchar algo que parece estupendo pero no creíble.

5 Elija qué expresión del ejercicio anterior utilizaría en las siguientes situaciones y escríbala.

1. Cada vez que veo a Fernando me cuenta lo maravillosos que son sus hijos.
   ....
2. Mi jefe me ha dicho que me va a dar tres meses de vacaciones.
   ....
3. Es muy tarde. Cuando llegue a casa, mi madre me va a regañar.
   ....
4. Niño, deja ya de dar con la pelota en la pared de mi casa.
   ....
5. No le digas a nadie que te presté dinero para comprarte el coche.
   ....
6. No he podido estudiar pero me voy a presentar al examen por si acaso.
   ....

6 Ordene las letras para formar palabras.

1. ETCRAELIN   ....
2. ATÍARBE   ....
3. PTRATOEM   ....
4. LVHENLIOCOO   ....
5. AUTFAL   ....
6. RBAOTM   ....
7. NLVOII   ....
8. TIRURAGA   ....
9. XNOFASO   ....
10. QSTAEURO   ....

Unidad 11

7 Complete el siguiente texto sobre el tango.

> bailarines   cantante   letras   compositor
>
> canciones   letra   música   baile

El tango es un .... típico de Argentina que se baila en parejas. Los .... bailan abrazados de forma muy sensual. La .... se basa en ritmos africanos y españoles. Las .... de las .... expresan los sentimientos de la clase trabajadora sobre el amor, el trabajo, el paso del tiempo, los recuerdos, la política... Carlos Gardel fue un gran .... y .... porque no solamente escribía sus canciones sino que también las cantaba.

8 Complete las oraciones con palabras de esta unidad.

1. Arturo Toscanini fue un gran .... de ....
2. Chopin fue un excelente .... y ....
3. Beethoven .... muy bien el piano.
4. Rudolf Nureyev fue un magnífico .... de ballet.
5. Yehudi Menuhin era un genio tocando el ....
6. Rudy Ventura era un gran .... español.
7. Charlie Parker fue un .... de leyenda.
8. Ringo Star era el .... de Los Beatles.

9 Relacione los siguientes bailes hispanos con su país de origen.

1. Flamenco
2. Merengue
3. Salsa
4. Tango
5. Cueca
6. Cumbia

a) Argentina
b) Colombia
c) Chile
d) República Dominicana
e) Cuba
f) España

-79-

¿Qué estilo prefieres?
ARQUITECTURA, ESCULTURA, PINTURA

¡FÍJESE!

Sinagoga
Castillo
Iglesia / catedral
Pintura
PINTOR
Escultura
Puente
Mezquita
Madera
Mármol
Ladrillo
Palacio
Muralla
ESCULTOR

FRASES ÚTILES

Me he apuntado a clase de pintura para aprender a pintar al óleo.
Mi padre es arquitecto, le gusta el arte clásico.
El acueducto romano de Segovia es uno de los monumentos históricos más importantes.
Mi madre regenta una galería de arte. Vende cuadros de estilo moderno: retratos, paisajes…
Cuando voy a otra ciudad lo que más me gusta es visitar el casco antiguo.
Para construir un edificio es preciso primero diseñar un proyecto.
Me gusta mucho ver a los artesanos cómo trabajan el barro.

UNIDAD 12

EJERCICIOS

PALABRAS EN CONTEXTO

1 Lea la siguiente conversación entre una profesora de arte y algunos de sus estudiantes.

PROFESORA: ¿Saben quién está considerado como el **artista** más completo de toda la historia?

CRISTINA: Picasso.

PROFESORA: No, Picasso fue un gran **pintor,** pero lo que más hizo fue eso: **pintar cuadros.**

BERTA: Rodin.

PROFESORA: No, Rodin fue un excelente **escultor,** pero sólo hizo **esculturas.**

LUCAS: El **arquitecto** que **diseñó** el **museo** Guggenheim de Nueva York.

PROFESORA: Frank Lloyd Wright fue un gran **arquitecto** pero no se dedicó a otras **artes.** Yo me refería a Miguel Ángel.

BERTA: ¿Por qué se considera que es tan gran **artista**?

PROFESORA: Porque fue **arquitecto, escultor** y pintor, uno de los creadores más grandes de la historia. Miguel Ángel fue uno de los artistas más reconocidos por sus **esculturas, pinturas** y **arquitectura.** Seguro que conocen algunas de sus **obras.**

LUCAS: Sí, cuando estuve en Florencia vi el *David*.

CRISTINA: El *David* es un **retrato** muy famoso, ¿verdad?

PROFESORA: No, los retratos se pintan y el *David* es una **estatua** de **mármol** blanco.

BERTA: Cuando estuve en Roma vi la **Plaza** del Capitolio, que fue diseñada por Miguel Ángel.

CRISTINA: Yo nunca he estado en Italia, pero he estudiado en la clase de arte las **pinturas** de la Capilla Sixtina.

2 Indique si estas afirmaciones son verdaderas (V) o falsas (F).

	V	F
a) Picasso no fue un gran artista.		X
b) Los escultores diseñan museos.		X
c) Miguel Ángel destacó en varias artes.	X	
d) Las esculturas de la Capilla Sixtina son de Miguel Ángel.		X
e) Una estatua no es una escultura.		X

Unidad 12

3 **Clasifique cada una de las siguientes obras en el arte correspondiente.**

1. La *Estatua de la libertad,* de Bartholdi.
2. *La Gioconda,* de Leonardo da Vinci, pertenece al Renacimiento.
3. La Gran Muralla china.
4. *Las meninas,* de Velázquez, pertenece al Barroco.
5. *Los girasoles,* de Van Gogh, es un cuadro representativo del impresionismo.
6. La Torre Eiffel.
7. El puente Golden Gate de San Francisco.
8. *La maja desnuda,* de Goya.
9. *El pensador,* de Rodin.
10. *La Venus de Milo.*
11. *El David,* de Miguel Ángel.

ESCULTURA	PINTURA	ARQUITECTURA
1	2	3
9	4	6
10, 11	5, 8	7

4 **Lea el diálogo y complete.**

exposición / feria / románica / impresionistas / estilos / iglesia / abstractos / realista

—Necesito adquirir cuadros *abstractos* para la galería.
—Pues hay una feria ahora de pintores noveles de varios estilos.
—Sí, lo sé. Conozco algunos *impresionistas*.
—Se nota que te gusta ese estilo. Tienes la tienda repleta de láminas de Van Gogh.
—Es mi preferido, pero me encanta también el arte antiguo y religioso. Recientemente inauguré en una *iglesia* una *exposición* de pintura *románica*.
—La recuerdo bien. Tuvo muchísimo éxito.
—En realidad, me gusta la mezcla de *estilos*. Tengo muchísimas ganas de crear una exposición de pintura *realista* y surrealista.
—¡Será un éxito! ¡Seguro!

UNIDAD 12

5 Complete los huecos de las definiciones con estas palabras.

> color — pintor/-a — figuras — arte (3 veces) — madera — construir — escultor/-a — arquitecto/-a

ARQUITECTURA: Es el ...*arte*... de proyectar y ...*construir*... edificios. La persona que se dedica a ello se llama ...*arquitecto*... o ...*arquitecta*...

ESCULTURA: Es el ...*arte*... de modelar o esculpir ...*figuras*... con volumen en barro, mármol, ...*madera*... u otros materiales. La persona que se dedica a este arte se llama ...*escultor*... o ...*escultora*...

PINTURA: El ...*arte*... que utiliza el ...*color*... para expresar contenidos. La persona que practica este arte se llama ...*pintor*... o ...*pintora*...

6 Encuentre la analogía.

> catedral / ladrillo / mezquita / color / estatua / puente / sinagoga / retrato / mármol

1. ...*Mezquita*... es para los musulmanes como ...*sinagoga*... para los judíos y como ...*catedral*... para los católicos.

2. ...*mármol*... es a escultura como ...*color*... es a pintura y como ...*ladrillo*... a arquitectura.

3. ...*Puente*... es a arquitectura como ...*retrato*... a pintura y como ...*estatua*... a escultura.

7 Relacione las dos columnas.

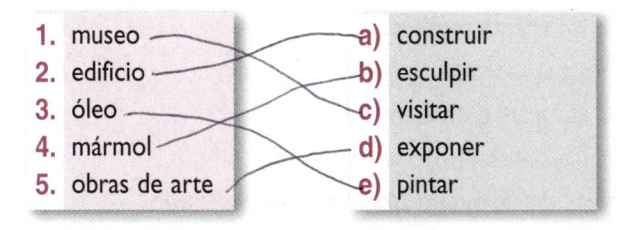

1. museo — c) visitar
2. edificio — a) construir
3. óleo — e) pintar
4. mármol — b) esculpir
5. obras de arte — d) exponer

13 ¿Te gusta leer novela romántica?
LITERATURA

¡FÍJESE!

- El otro día me terminé otra novela de Agatha Christie. Me encanta la **novela policíaca**.

- A mí no; yo prefiero leer **novela de ciencia ficción**. Ahora estoy leyendo *Yo, robot* de Isaac Asimov. Y solo me queda un **capítulo**.

- Estoy entusiasmado con Tintín.

- Sí, y también las **novelas de aventuras**. Ayer me terminé *La isla del tesoro*.

- ¿No me digas que ahora te gustan los **cómics**?

- Pues yo sigo con mis **versos**. Lo mío es la **poesía**, no la **prosa**.

FRASES ÚTILES

- Actualmente la novela histórica está muy de moda.
- En mis ratos libres estoy escribiendo mi autobiografía.
- Prefiero ver obras de teatro que leerlas.
- No siempre se valora a los traductores literarios.
- Las páginas de los cómics se dividen en viñetas.
- *Edipo Rey* de Sófocles consta solo de un acto.
- El libro de memorias de Groucho Marx es muy divertido.

UNIDAD 13

EJERCICIOS

PALABRAS EN CONTEXTO

1 Lea el siguiente texto y después marque verdadero (V) o falso (F).

En la historia de la literatura española, Cervantes está considerado como el gran **autor** del siglo XVII. Fue un gran **novelista, poeta** y **dramaturgo.** Su obra más famosa es *El ingenioso hidalgo Don Quijote de la Mancha,* **obra literaria** a la que muchos **críticos** consideran la primera **novela** moderna. En ella Cervantes nos cuenta las increíbles aventuras de su **protagonista:** don Quijote, aunque también trata de analizar la sociedad y los problemas de aquella época; para ello se sirve del humor y de la locura de su protagonista y de esta forma el autor consigue criticar muchos de los valores que imperaban en su tiempo. Otros **personajes** que aparecen en la novela son Sancho Panza, el fiel escudero de don Quijote y que realmente es el otro protagonista de la novela, y Dulcinea del Toboso, su dama y señora y en quien piensa antes de iniciar cada una de sus aventuras. La obra tiene 126 **capítulos** y **se publicó** en dos partes: la primera en 1605 y la segunda en 1615. **Ha sido traducida** a casi todos los idiomas (incluso hay una traducción al esperanto) y aparece entre los diez libros más importantes de la historia de la literatura universal.

	V	F
a) Cervantes es el gran poeta del siglo XVII.	☐	☐
b) Dulcinea es una de las protagonistas del *Quijote*.	☐	☐
c) La novela del *Quijote* consta de dos partes.	☐	☐
d) El *Quijote* está traducido a muchos idiomas.	☐	☐
e) En el *Quijote* hay poca crítica social.	☐	☐

2 Señale el intruso en cada serie de palabras.

1. Poeta	poema	verso	capítulo
2. Dramaturgo	capítulo	novela	prosa
3. Cómic	dibujos	acto	viñetas
4. Idioma	traductor	autor	diccionario
5. Poesía	novela	pintura	obra de teatro

Unidad 13

3 Escriba qué tipo de novela o género literario describen los siguientes enunciados.

1. Utiliza hechos reales aunque los personajes pueden ser inventados.
   ....

2. Refleja mucha acción y suele haber viajes, misterio y riesgo.
   ....

3. Lo importante es la resolución de un enigma o misterio, generalmente de tipo criminal.
   ....

4. La trama principal es el amor entre de dos personas, que han de luchar por su relación.
   ....

5. Exploran lo desconocido imaginando avances científicos y tecnológicos.
   ....

6. Una persona cuenta su vida.
   ....

7. Una persona cuenta la vida de otra.
   ....

8. Una serie de ilustraciones, con o sin texto, nos cuentan una historia.
   ....

9. Texto escrito en versos.
   ....

10. Texto dialogado que se representa en un escenario.
    ....

4 Relacione ambas columnas.

1.	Isabel Allende	a)	protagonista
2.	Harold Pinter	b)	novela
3.	Pablo Neruda	c)	novelista
4.	Emma Bovary	d)	poeta
5.	Dulcinea	e)	personaje
6.	*El mercader de Venecia*	f)	dramaturgo
7.	*Cien años de soledad*	g)	obra de teatro

UNIDAD 13

5 Resuelva este crucigrama.

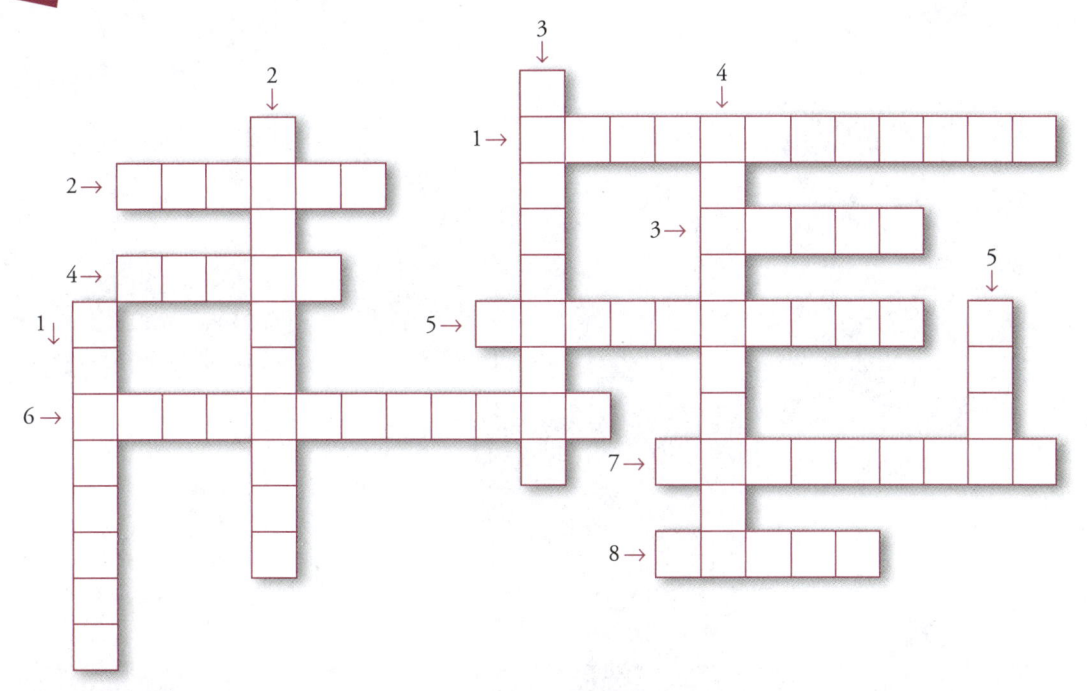

Horizontales

1. Literatura para representarse en un teatro.
2. Obra literaria escrita en prosa.
3. Persona que inventa algo.
4. Cada una de las líneas de un poema.
5. Arte que emplea como medio de expresión una lengua.
6. Personaje principal de una obra literaria.
7. Persona que traduce un texto a otro idioma.
8. Persona que escribe poemas.

Verticales

1. División que se hace en los libros.
2. Personas que aparecen en una obra literaria.
3. Persona que escribe novelas.
4. Autor de obras de teatro.
5. Partes en las que se divide una obra de teatro.

6 Complete estas oraciones según la analogía.

1. Obra de teatro es a .... como .... a poeta.
2. Novela es a .... como traducción a ....
3. Dibujos es a .... como versos a ....
4. Prosa es a .... como .... a poema.
5. .... es a novela como acto a ....

Me aburre el cine mudo
CINE

¡FÍJESE!

Película policíaca

Película romántica

Película de acción / de guerra

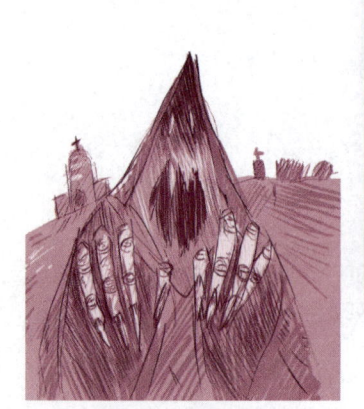

Película de terror

Comedia

Película de dibujos animados

Entrada

FRASES ÚTILES

¿Vas a menudo al cine? Sí, el día del espectador, que es más barato.

Mis películas preferidas son las de terror porque me gusta pasar miedo.

Me aburren las películas románticas con final feliz.

Mañana estrenan la última película de Pedro Almodóvar.

Yo siempre voy a cines que ponen / proyectan películas en versión original.

Prefiero ir a la primera sesión porque hay menos gente y no tienes que hacer cola para sacar la entrada.

UNIDAD 14

EJERCICIOS

PALABRAS EN CONTEXTO

1 Lea el siguiente texto.

El **cine** está considerado el séptimo **arte** y es una opción de **ocio** o **entretenimiento** para millones de personas. El cine es un arte joven, empezó a finales del siglo XIX. Las primeras **películas** eran **mudas** –no tenían sonido– y eran en **blanco y negro,** no **en color.** Alrededor de los años treinta se introdujo el sonido en el cine y un poco más tarde la **banda sonora,** que es la música compuesta para la película.

El cine es un arte complejo porque participan muchas personas: **director, actores, actrices, guionistas,** fotógrafos, músicos... Además, es un negocio muy importante que genera muchos puestos de trabajo. Los lugares del mundo con mayor industria para **hacer cine** o **rodar** películas son Hollywood y Bombay.

Las **salas de cine** pueden **proyectar** las películas **con subtítulos** o **dobladas.** En las películas **subtituladas** aparece un texto en el borde inferior de la **pantalla** con la traducción de los diálogos de la película. Los subtítulos permiten oír la voz original del actor; pero a muchos **espectadores** no les gusta leer cuando van al cine y prefieren ver las películas dobladas en su idioma.

En los últimos años las **taquillas** de los cines han perdido muchos espectadores, que prefieren esperar a que la película **salga** en **vídeo** o en **DVD** y verlas en su casa.

2 Ahora conteste a las siguientes preguntas.

1. ¿Es el cine un arte o un entretenimiento?
2. ¿Qué significa que las primeras películas eran mudas?
3. ¿Qué países son los más importantes para la industria del cine?
4. ¿Qué es un subtítulo?
5. ¿Qué ventaja tienen las películas subtituladas?
6. ¿Qué ventaja tienen las películas dobladas?

Unidad 14

3 **Elija la definición adecuada para las siguientes palabras.**

1. Director de cine
2. Guionista
3. Guión
4. Blanco y negro
5. Sala de cine
6. Proyectar
7. Espectador
8. Pantalla
9. Taquilla
10. Cartelera
11. Rodar
12. Banda sonora

a) Texto en que se expone el contenido de la película, con los detalles necesarios para su realización.
b) Oferta de todas las películas que hay en cartel.
c) Reflejar sobre una pantalla.
d) Lugar donde de proyecta una película.
e) Filmar una película.
f) Persona encargada de escribir un guión.
g) Persona que asiste a un espectáculo público.
h) Película sin color.
i) Música de una película.
j) Superficie blanca sobre la que se proyectan imágenes.
k) Profesional que dirige la filmación o el rodaje de una película.
l) Lugar donde se despachan entradas.

4 **Lea este diálogo y subraye la opción correcta.**

–¿Te apetece ir al cine?
–Sí, mucho. Hace tiempo que no vamos y hay nuevos estrenos que me apetece ver.
–¿Qué hacemos? ¿Miramos la **cartelera** / **televisión** y elegimos?
–Vale, ¿qué **sesión** / **película** prefieres?
–Yo prefiero la última, porque en la primera **sesión** / **entrada** me entra un sueño…
–Bueno, a ver…, ¿qué quieres ver? ¿Drama, comedia, aventuras…?
–Una buena y entretenida, por favor.
–¿Has visto la última de Woody Allen?
–No, ¡y quiero verla! Es un genio como **fotógrafo** / **director** y sus **guiones** / **espectáculos** son muy originales. Sobre todo me gusta cuando él es el **actor** / **músico** principal.
–Pues nada, si te parece saco dos **asientos** / **entradas** para la sesión de las 20:30 en el cine del barrio.
–Ay, no. Que en ese cine solo **ponen** / **colocan** películas dobladas. ¡Vamos a verla en **versión original** / **versión hablada**!
–Pues entonces vamos al centro, allí hay cines para todos los gustos.

UNIDAD 14

5 Complete las siguientes frases con la palabra adecuada del recuadro.

> entradas (2 veces) / comedias / asiento / cartelera / alquilar / estreno
> vídeo / ponen / actor / final / espectador / DVD / subtítulos / pantalla

1. Me encanta Brad Pitt. No solo porque me parece muy atractivo sino porque es muy buen ....

2. Voy a cambiarme de .... porque no puedo leer los .... de la .... desde tan lejos.

3. Las .... del cine son caras, por eso prefiero .... películas en .... o en ....

4. Quiero ir al .... de la última película de Almodóvar.

5. En el cine de mi barrio siempre .... películas antiguas, del oeste y musicales.

6. A mi madre no le gustan las películas con un .... triste, por eso solo ve ....

7. El día del .... las .... son más baratas.

8. Por favor, mira en la .... a qué hora empieza la película de ciencia ficción de Ridley Scott.

6 Escriba a qué género pertenecen los siguientes títulos de películas.

1. *Cómo funciona nuestro cerebro* → ....
2. *Salvar al soldado Ryan* → ....
3. *La guerra de las galaxias* → ....
4. *Arma letal* → ....
5. *Blancanieves y los siete enanitos* → ....
6. *Dos tontos muy tontos* → ....
7. *La noche de los muertos vivientes* → ....
8. *Cantando bajo la lluvia* → ....
9. *Amor a primera vista* → ....
10. *Pat Garret y Billy el Niño* → ....

15 Me encantan los concursos de la tele
TIEMPO LIBRE Y ENTRETENIMIENTO (I)

¡FÍJESE!

Ana, no **cambies de canal,** que después de los **anuncios** empieza otro **episodio** de la **telenovela.**

Sí, pero prefiero ver esto a ver ese **concurso** que tanto te gusta.

Cariño, ya no aguanto más este **culebrón.** Pero si ya sabes que al final Marco Antonio y Matildita se casan.

Ya, pero al menos no es **telebasura.**

Cada vez me gusta más escuchar esta **emisora.** Los **informativos** y los **debates** son muy buenos.

Pues a mí me encanta el **locutor.** ¡Qué bien se expresa!

FRASES ÚTILES

—¿Qué haces en tu tiempo libre?
—Voy al cine o leo algún libro. Para mí la lectura es un entretenimiento.

—¿Qué aficiones tienes?
—Soy aficionado a la cocina. Me entretiene mucho guisar.

—¿Cómo pasas el rato?
—Me gusta hacer bricolaje en casa.

—Yo me divierto viendo la televisión.

—¿Te lo pasas bien? A mí me aburre mucho.

UNIDAD 15

EJERCICIOS

PALABRAS EN CONTEXTO

1 Lea el siguiente diálogo.

DAVID: Hola, disculpa, ¿puedo preguntarte unas cosas? Estoy haciendo una encuesta sobre **ocio**...

LORENA: ¿De ocio?

DAVID: Sí, de lo que haces en tu **tiempo libre.**

LORENA: ¡Ah! Pues a mí me gusta simplemente **descansar.**

DAVID: Perdona, pero se trata de que me respondas a unas preguntas... Por ejemplo: ¿Te gusta la **jardinería,** el **bricolaje, coleccionar monedas** o **sellos?**

LORENA: Mmmm. A mí me gusta coleccionar monedas o **hacer crucigramas.**

DAVID: Entonces pongo que no te gustan la jardinería y el bricolaje...

LORENA: Bueno, son **aficiones** divertidas... pero prefiero los **pasatiempos** o coleccionar algo.

DAVID: Siguiente pregunta: ¿Qué vas a hacer en vacaciones?

LORENA: Me gustaría hacer un curso de jardinería.

DAVID: Vale. Otra pregunta: Cuando tienes tiempo libre, ¿qué sueles hacer?

LORENA: A veces **veo la televisión** y otras veces **escucho la radio.**

DAVID: ¿Qué programas te gustan más: los **culebrones,** las **series,** los **concursos,** los **debates,** los **documentales**...?

LORENA: Lo que más veo son los **informativos.** O nos juntamos varios amigos y vemos una película y luego organizamos un **debate** sobre ella.

DAVID: Te lo pasas bien, ¿no?

LORENA: Pues sí... No **me aburro.** Oye, ¿eso está en la encuesta?

DAVID: No, no. Perdona.

LORENA: Y tú, ¿**te entretienes** haciendo encuestas?

DAVID: Bueno, generalmente **me lo paso mal,** pero a veces es **divertido** y si tengo suerte... conozco a una chica tan simpática como tú.

LORENA: Pues mira, cuando estés libre y retransmitan un partido de fútbol, quedamos y lo vemos juntos.

DAVID: Ahora **estoy ocupado.** Pero si me das tu teléfono, te llamo luego.

LORENA: Vale, pero llámame.

UNIDAD 15

2 **Indique si las siguientes afirmaciones son verdaderas (V) o falsas (F).**

	V	F
a) Lorena es aficionada a los pasatiempos.	☐	☐
b) Lorena quiere estudiar jardinería en vacaciones.	☐	☐
c) David se lo pasa bien haciendo encuestas.	☐	☐
d) Lorena quiere ir al cine.	☐	☐
e) David no tiene tiempo libre ahora.	☐	☐

3 **Clasifique las palabras en su casilla correspondiente.**

[jardinería / monedas / tiempo libre / bricolaje / cocina / sellos libre / bien / crucigramas / mal / ocupado]

ser aficionado a	coleccionar	estar	tener	pasarlo

4 **¿A qué palabras de la unidad corresponden estas definiciones?**

1. Estación de radio.	
2. Persona que se dedica a presentar programas o noticias en una radio o en la televisión.	
3. Género cinematográfico y televisivo, realizado sobre imágenes tomadas de la realidad.	
4. Cada una de las partes o capítulos en que se divide una serie de televisión.	
5. Discusión acerca de un tema en la que participan dos o más personas con diferentes opiniones.	

5 Lea el texto y elija la alternativa correcta entre las que se ofrecen.

DISFRUTE DE SU DESCANSO EN NUESTRA WEB

En estos tiempos de crisis, si no quiere gastar dinero y no sabe qué hacer en su **tiempo libre / ocio / entretenimiento** durante sus **crucigramas / vacaciones / aficiones**, le ofrecemos algunas opciones de **tiempo libre / ocio / turismo** para elegir:

a) Si es usted una persona a la que le gusta hacer **crucigramas / vacaciones / aficiones**, descubrirá toda clase de pasatiempos pulsando aquí.

b) Si opta por la **cocina / jardinería / bricolaje**, le ofrecemos las recetas más exquisitas de la gastronomía española. Pulse aquí.

c) ¿Quiere coleccionar **cocina / bricolaje / sellos?** Aquí los encontrará de todos los países del mundo.

d) Si se divierte viendo la **radio / televisión / locutor**, aquí puede consultar la programación de todos los canales.

e) Si hace **colección / bricolaje / ocio** de monedas, aquí encontrará aficionados para intercambiar, vender o comprar.

f) Tal vez lo que le gusta es la **bricolaje / jardinería / vacaciones**. Pulse aquí para ver cómo cuidar sus plantas.

g) ¿Desea entretenerse con el **radio / aficiones / bricolaje?** Las mejores herramientas están aquí.

h) En fin, si es aficionado al **descanso / aburrimiento / diversión** y a no hacer nada, aquí le ofertamos toda clase de sofás.

6 Complete la tabla de verbos con palabras de esta unidad relacionadas con ellos.

1. CAMBIAR	
2. CONSULTAR	
3. VER	
4. RETRANSMITIR	
5. PASAR	

Unidad 15

7 Lea el siguiente diálogo y ordene las letras de las palabras en negrita.

CARMEN: ¿Qué estás viendo?
MARTA: Una **tlovleenae** .... interesantísima.
CARMEN: ¡Puaf! A mí no me gustan los **elcunorbes** ....
MARTA: A ti no te gusta nada, ni las **sieser** .... ni los **besteda** .... ni los **mendotacelus** ....
CARMEN: Es que es todo **brasueltea** ....
MARTA: Todo no. ¿Quieres que ponga el **foriamtvino** ....?
CARMEN: Pero cambia de **lacan** ....
MARTA: Aquí hay un **cnoucros** ....Vamos a ver en las **decasan** .... privadas, pero antes consultemos la **gamaporcrino** ....
CARMEN: ¡Mira! ¡Ponen una **licepual** .... en la cadena regional!
MARTA: ¡Ni hablar! Prefiero seguir con el **tipucola** .... 123 de mi serie. Además, a ti no te gusta la tele... Vete a escuchar la **doria** ....
MARTA: De acuerdo. De hecho, ahora hay una retransmisión deportiva en una **misorea** .... de deportes.
MARTA: Pues vete a escuchar el partido, ¡pero a otra habitación!
CARMEN: ¡Cómo te pones por nada!

8 Complete estas oraciones con las siguientes palabras o expresiones.

> canal / pasar el rato / retransmisión / documentales / informativo
> cadena / anuncios / serie / película / concurso / debate / programa

1. Si quieres enterarte de las noticias, que sepas que a las ocho empieza el ....
2. Cambia de ...., que ahora no me apetece ver ningún .... de política.
3. Ponen una .... muy divertida esta noche.
4. En este .... los concursantes ganan muchos premios.
5. Todos los viernes veo unos .... muy buenos acerca de la historia europea del siglo XX.
6. Vimos la .... deportiva en casa de unos amigos.
7. En esta .... es imposible ver una ...., porque en cada intermedio te ponen veinte minutos de ....
8. Este .... no es muy bueno, pero está bien para ....

UNIDAD 15

9 Lea cada uno de estos textos e indique el tipo de programa.

¡Marco a Fiti, regatea, sigue en poder del esférico...! ¡Ooooh! Ha cortado Bandro. Balón en poder del equipo aragonés. Saca Fiti, recoge Sanz, ¡Dioni hace una entrada defensiva... y penalti! ¡Penalti! ¡Un juego muy sucio! ¡Dioni literalmente le ha machacado la pierna a Sanz! Va a tirar el penalti Marco... se prepara... y ¡GOL! ¡GOOOOL! ¡GOOOOL! ¡Ha sido un golazo!

a) ....

—¿Qué te pasa, Luis Enrique, mi amor? ¿Te disgusté en algo?
—¡Me voy de casa! Te han visto con otro hombre, es inútil que lo niegues.
—¡Pero, cariño, si era mi primo!
—¿Tu primo? No me habías dicho nada de que tenías un primo...
—Amor mío, es que vive en España y acaba de llegar a Colombia. No receles nada... Te amo y siempre te amaré... Bésame.

b) ....

—¡Y ahora llegamos a la mejor parte! Están en juego MIL euros. Veamos la pregunta: ¿De qué país es capital Tegucigalpa? Las respuestas posibles son: a) Filipinas, b) Uruguay, c) Honduras, e) Ecuador.
—A ver, a ver... De Filipinas es Manila; de Uruguay... creo que... Montevideo; de Ecuador, Quito... y de Honduras... ¡Tegucigalpa! Sí, estoy seguro, ¡la respuesta es Honduras!
—¡Correcto! ¡Y ya son 3.200 euros los que se va a llevar a casa don Joaquín! ¡Enhorabuena!

c) ....

En Europa solo hay dos tipos de linces, el llamado boreal y el lince ibérico, del que nos ocuparemos en este programa. El lince boreal es más grande que el ibérico, pues pesa entre 15 y 18 kilos y mide 80-130 centímetros. El lince ibérico, en cambio, es más pequeño, suele pesar unos 13 kilos y mide entre 80 y 110 centímetros. El lince ibérico habita el centro y suroeste de la península Ibérica, de ahí su nombre. La construcción de carreteras, su caza y el descenso del número de conejos, su alimento principal, en su hábitat, ha hecho que este bello animal esté en peligro de extinción.

—Vamos ya a llegar a la conclusión de este programa, de modo que, por favor, sean breves en sus intervenciones. Tiene la palabra don Luis Rivero.
—En mi opinión, en los últimos años se ha producido en España un gran avance en la escolarización de los niños más pequeños...
—Sr. Rivero, los grandes maestros de la pedagogía ya en la primera parte del siglo pasado: Vigotsky, Wallon, Piaget, hablaban de la importancia de este tipo de educación...
—Sí, sí, Beatriz, pero dé usted datos, porque usted habla mucho de aspectos generales, pero no da datos claros...
—Si me deja usted continuar, sr. Moreno, daré todos los datos necesarios...

d) ....   e) ....

¡Por fin estoy de vacaciones!

TIEMPO LIBRE Y ENTRETENIMIENTO (II)

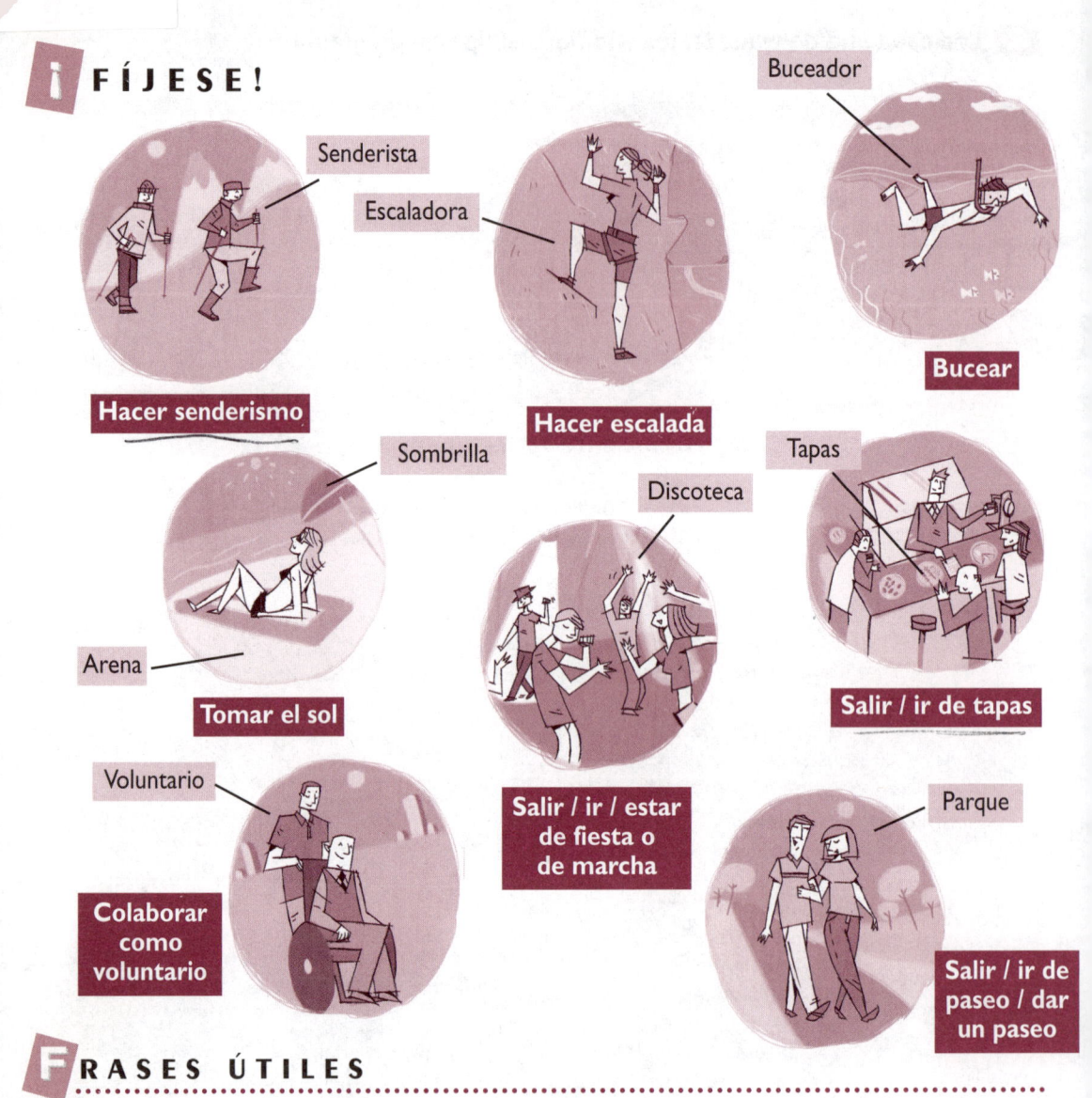

¡FÍJESE!

- Senderista
- Escaladora
- Buceador
- **Hacer senderismo**
- **Hacer escalada**
- **Bucear**
- Sombrilla
- Arena
- Discoteca
- Tapas
- **Tomar el sol**
- **Salir / ir / estar de fiesta o de marcha**
- **Salir / ir de tapas**
- Voluntario
- Parque
- **Colaborar como voluntario**
- **Salir / ir de paseo / dar un paseo**

FRASES ÚTILES

—¿Colaboras como voluntario?
—Sí, soy voluntario en una asociación de amigos de los animales.

En vacaciones me encanta hacer turismo; es lo mejor para abrir la mente.

Voy a inscribirme en un club deportivo. Necesito hacer ejercicio.

Anoche salí de copas con unos amigos y creo que bebí demasiado.

Mañana va a hacer un tiempo estupendo. ¿Por qué no nos vamos de picnic al campo?

No soporto más la ciudad. Este domingo me voy de excursión a la montaña.

UNIDAD 16

EJERCICIOS

PALABRAS EN CONTEXTO

1 Lea este diálogo y marque después verdadero (V) o falso (F).

—OCIOTUR, buenos días, ¿en qué puedo ayudarle?
—Buenos días, señorita. Llamo porque quisiera **inscribir** a mis nietos en alguna actividad.
—Muy bien. ¿Y en qué actividad?
—¡Ay, Dios mío! Pues no lo sé, no me han dicho nada mis nietos. ¿Podría usted aconsejarme?
—Bueno, hay muchas opciones, señor: **ir de excursión, hacer senderismo,** visitas...
—¿Visitas adónde?
—A un **parque acuático,** por ejemplo.
—¿Y qué es un parque acuático?
—Es un lugar con atracciones con agua: toboganes, piscinas, trampolines... Es muy divertido.
—¡Ah!, pues eso puede estar bien...; además, les encanta el agua.
—¿Qué edad tienen los niños?
—Uno tiene 16 años y la otra, 18.
—Señor, entonces no creo que les guste. ¿Por qué no los inscribe en algún curso? Tenemos unos **cursos de cerámica** y **de jardinería** realmente estupendos.
—No sé, no creo que eso los divierta mucho.
—¿Y **colaborar como voluntarios** en alguna ONG?
—¿Una qué?
—Una organización no gubernamental.
—Mire, creo que al final lo mejor será que llamen ellos mismos.
—Sí, yo también creo que será mejor que elijan ellos.
—De todas formas, muchas gracias, ha sido muy amable.
—No hay de qué, señor. Adiós y que tenga un buen día.

	V	F
a) El señor quiere que sus nietos vayan a un parque acuático.	☐	☐
b) Al señor le parecen aburridos los cursos de cerámica y jardinería.	☐	☐
c) El señor sabe qué es una ONG.	☐	☐

Unidad 16

2 Susana tiene dos hijos: Juan, de 22 años, y Aitor, de 8 años. Aconséjele qué actividades pueden compartir los dos y cuáles no.

- ir / estar de copas
- visitar un parque acuático
- ir de excursión
- ir de fiesta
- salir de tapas
- colaborar como voluntario
- ir de picnic
- bucear
- tomar el sol
- hacer turismo

NO COMPARTIR	COMPARTIR
ir / estar de copas	visitar un parque acu.
ir de fiesta	ir de excursión
~~salir de~~ tapas	~~colaborar como vol.~~
bucear	~~bucear~~
colaborar	

3 Complete esta carta.

Querida Natalie:

Como ya te había comentado, hace unos meses me (1) **inscribí** en un club de ocio y ahora estoy pasando unos días en Málaga.

Entre las opciones que nos han dado hay un (2) **curso** de (3) **cocina** española donde te enseñan a preparar los platos típicos. Es muy interesante. Por la noche casi todos los días salimos de (4) **fiesta** y bailamos hasta tarde.

El otro día metí la (5) **sombrilla** en el coche y me fui a la playa a tumbarme en la (6) **arena** y (7) **tomar** el sol. Allí conocí a un chico muy guapo que trabaja de (8) **voluntario** en la Cruz Roja. Se llama Joaquín y le encanta ayudar a los demás. Tiene un gran corazón. ¡Y es tan simpático!

Ayer estuvimos de (9) **copas** en un bar y yo creo que bebí demasiado. Hoy vamos a ir a un (10) **parque acuático**, así que tengo que llevarme el bañador y una toalla. Mañana vamos a ir a (11) **bucear**, pero me da miedo el fondo del mar. ¿Tú crees que vendrá Joaquín a ayudarme si tengo miedo? Espero que sí. Ya te contaré.

Un beso,
Marina

UNIDAD 16

4 Escriba Ir, Estar, Hacer o Salir donde corresponda.

1. .... de copas.
2. .... un picnic.
3. .... de tapas.
4. .... senderismo.
5. .... un curso.
6. .... de paseo.
7. .... de excursión.
8. .... de marcha.
9. .... escalada.
10. .... de fiesta.

5 Complete la tabla.

Acción	Persona que realiza la acción
ir de excursión	Excursionista
Hacer senderismo	senderista
Bucear	buceador
Hacer turismo	turista
Hacer escalada	Escalador

6 Lea estas oraciones y elija la opción adecuada al contexto.

1. Llevo todo el día en casa. Necesito salir a **hacer** / **dar** / **ir** un paseo.

2. Anoche fuimos al cine y después nos fuimos de **excursión** / **escalada** / **tapas**.

3. El sábado pasado **tomamos** / **estuvimos** / **hicimos** de marcha hasta las tres de la madrugada. Al día siguiente no me podía mover del sofá. ¡Qué agotamiento, Dios mío!

4. A Luis le da mucho miedo meterse en el mar, no creo que le apetezca ir a **tomar el sol** / **de voluntario** / **bucear.**

5. Alejandra se ha roto la pierna y no podrá caminar durante un mes y medio como mínimo. Es una pena para una **turista** / **escaladora** / **voluntaria** tan buena como ella, porque tendrá que estar un tiempo sin poder practicar su afición favorita.

17 ¿Te animas a montar en globo?
VIAJES, ALOJAMIENTO Y TRANSPORTE

¡FÍJESE!

Tranvía

Camión

Globo

Helicóptero

Barca

Tienda de campaña

Mochila

Manta

Colchoneta

Saco de dormir

Nevera portátil

FRASES ÚTILES

–¿Dónde te vas este fin de semana?

–Me voy a una casa rural a estar en contacto con la naturaleza.

No me gusta ir de campin, prefiero dormir en una cama y no en el suelo.

Nunca voy a hoteles porque son muy caros, me alojo en pensiones.

El mes pasado me alojé en una cabaña en plena montaña.

Este verano voy a hacer un crucero por las islas griegas.

UNIDAD 17

EJERCICIOS

PALABRAS EN CONTEXTO

1 Lea el siguiente texto.

Por **hacer turismo** entendemos todas las actividades que realizan los **viajeros** durante sus viajes a lugares diferentes de su residencia habitual, por un periodo de tiempo inferior a un año, ya sea para **ir de vacaciones,** trabajar u otras actividades. Hay distintos tipos de turismo:

Turismo de sol y playa: Es el más popular. Los **turistas** viajan a la playa y van en busca de buen tiempo, descanso y diversión. **Se alojan** en **apartamentos,** hoteles o en un **campin.**

Turismo cultural: Las personas viajan para conocer ciudades, monumentos, visitar museos... Buscan ver lugares que tengan valor histórico o artístico. Se suelen alojar en hoteles, **hostales** o **pensiones.** En estos casos, es importante llevar un **plano turístico** para saber dónde están los lugares de interés y un callejero para encontrar las calles.

Turismo rural: Los viajeros van a pequeñas localidades rurales para estar en contacto con la naturaleza. Lo que buscan es huir de la gran ciudad, los atascos, el ruido, la contaminación, con el fin de acabar con el estrés. Los **alojamientos** disponibles suelen ser **cabañas** o **casas rurales.**

Turismo de aventura: Consiste en viajar a un lugar donde se pueda practicar algún tipo de deporte que implique algún riesgo. Los turistas suelen **contratar un viaje organizado** para montar en **globo, helicóptero,** tirarse en **parapente,** descender ríos en piragua... Es algo que se ha puesto muy de moda ya que los turistas demandan emociones cada vez más fuertes...

Turismo de negocios: Lo practican personas que tienen que viajar por motivos de trabajo. Se trata de un turismo urbano. Se alojan en hoteles caros y suelen disfrutar del ocio nocturno de las ciudades.

2 Ahora señale el término intruso en cada serie de palabras.

1. Sol y playa   monumentos   descanso   popular
2. Turismo cultural   naturaleza   museos   mapa turístico
3. Turismo rural   callejero   tranquilidad   naturaleza
4. Turismo de aventura   emociones   ala delta   museos
5. Turismo de negocios   hoteles   cabañas   ciudades

Unidad 17

3 Lea los siguientes anuncios e indique el tipo de turismo que describen.

1
Si tienes alma de aventurero, si te gusta descubrir, experimentar y disfrutar de la naturaleza... ¡Esta es tu oportunidad! Ven a Nicaragua y disfruta de todo lo que te puede ofrecer. Alojamiento en albergues.

....

2
Ven a Fuerteventura a disfrutar de su tranquilidad, de su maravilloso clima y la transparencia de sus aguas. Disfruta respirando el encanto y la tradición de un pueblo marinero. Alojamiento en apartamentos.

....

3
Lloret cuenta con un total de once hoteles de 3, 4 y 5 estrellas con más de 60 salas de convenciones, con capacidad para mil personas y que permiten organizar toda clase de eventos, sin olvidar los restaurantes de alto nivel donde degustar la mejor cocina.

....

4
Ven a Roma a descubrir la mayor concentración de monumentos y museos del mundo. Pasea por sus calles y descubrirás toda la historia de esta hermosa ciudad. Elige el alojamiento en hotel o pensión según tu presupuesto.

....

5
Paisajes que te quitan el habla, la tranquilidad que te mereces, deliciosas comidas y contacto con los habitantes de la zona. Alojamiento en cabañas a pie de las montañas con degustación de alimentos típicos.

....

4 Relacione el tipo de alojamiento con su definición correspondiente.

1. Hostal / pensión
2. Albergue
3. Bungaló
4. Cabaña
5. Apartamento
6. Campin

a) Casa pequeña de una sola planta que se suele construir en lugares destinados al descanso.
b) Piso.
c) Lugar al aire libre donde las personas acampan con su tienda de campaña por un precio establecido.
d) Alojamiento similar al hotel pero de categoría inferior.
e) Construcción rústica y pequeña en entornos rurales.
f) Alojamiento muy económico para estancias cortas y generalmente utilizado por los jóvenes.

-104-

Unidad 17

5 Complete el texto con las palabras del recuadro en la forma correspondiente.

subirse	tripulación	globo	barca	viajeros	equipaje
helicóptero	navegar	barco	crucero	camión	bajarse
tranvía	escala	maleta	parada	plano turístico	billete

El capitán Muñoz, en nombre de toda la (1) ...., formada por ochenta marineros, les da la bienvenida a todos los (2) .... a bordo del (3) .... Atlantis, que (4) .... por el océano Atlántico y el mar Mediterráneo. Este barco, con salida desde Málaga, efectuará un (5) .... de siete días con (6) .... en las siguientes ciudades: Cádiz, Lisboa, Casablanca, Gibraltar y Barcelona. Todas las escalas tendrán una duración de ocho horas, excepto la escala en Lisboa, donde tendrán la oportunidad de disfrutar de la ciudad durante dos días. Los traslados desde el barco al hotel donde pasarán la noche se realizarán en un (7) .... turístico que no permite llevar (8) .... Por ese motivo, un (9) .... se encargará de trasladar todas las (10) .... hasta el hotel. Para sus desplazamientos en la ciudad de Lisboa, se les entregará un (11) .... que les permitirá hacer un número de viajes ilimitados, de modo que podrán (12) .... a tantos tranvías como quieran para visitar todos los lugares de interés. En los (13) .... de la ciudad aparecen señalizadas todas las paradas. Les recordamos que, por motivos de seguridad, está prohibido (14) .... de los tranvías cuando estén en marcha y que deberán esperar hasta llegar a una (15) .... para bajarse. Además, se les facilitará información de otras opciones para visitar Lisboa que podrán contratar por su cuenta, como un recorrido aéreo en (16) ...., un paseo en (17) .... o un paseo en (18) .... por el río Tajo.

6 ¿Qué medio de transporte utilizaría en estas situaciones?

1. Transportar un sofá: ....
2. Pasear por un lago: ....
3. Pasear por el aire: ....
4. Caer desde el aire: ....
5. Desplazarse por la ciudad: ....
6. Desplazarse por el aire: ....

18 ¿Dónde hay una gasolinera?
LA CONDUCCIÓN

¡FÍJESE!

*¿Qué pasa? ¿Por qué **frenas**?*

*Vamos a parar en la próxima **área de servicio**.*

No estoy frenando. Creo que algo va mal.

*Sí, quizás allí haya una **gasolinera** donde nos puedan decir qué pasa.*

*Creo que los **frenos** están averiados.*

*No, no es nada de eso. Es la **rueda**, ¿no ven que **está pinchada**?*

*No, a mí me parece que algo falla en el **motor**.*

FRASES ÚTILES

Todavía nos quedan muchos kilómetros para llegar. Voy a llenar el depósito de gasolina.

Si vas a hacer un viaje en coche, necesitas llevar un mapa de carreteras para no perderte.

Mi coche tiene GPS; es más útil para no perderte en la ciudad.

Voy a ampliar el seguro obligatorio del coche; lo haré a todo riesgo para que me cubra todos los arreglos que necesite.

Aquí no puedes circular a más de 60 km por hora. Es la velocidad máxima permitida en el túnel, por seguridad.

UNIDAD 18

EJERCICIOS

PALABRAS EN CONTEXTO

1 Lea este diálogo entre dos amigos que van de viaje.

> **MARIO:** Pedro, ¿qué te parece si **tomamos la carretera** 304 para llegar a Santiago más rápido?
>
> **PEDRO:** ¿Has mirado bien el **mapa de carreteras?** Yo creo que no nos conviene. Por la **autopista** iremos más tranquilos y **tardaremos** menos tiempo en llegar.
>
> **MARIO:** Pero son 40 kilómetros más que tenemos que **recorrer.**
>
> **PEDRO:** Sí, es verdad, lo comprobé en el mapa antes de salir, pero por la autopista puedo **conducir a 120 km por hora** todo el tiempo. Llegaremos antes.
>
> **MARIO:** De acuerdo, por la carretera podemos encontrar **atasco,** sobre todo al atravesar el pueblo y tendríamos que **reducir** mucho la **velocidad.**
>
> (…)
>
> **PEDRO:** ¡Uf! Creo que los **frenos** no van bien, noto algo raro en ellos. Vamos a parar en la próxima **área de descanso.**
>
> **MARIO:** No, mejor llegamos hasta el **área de servicio** de la autopista y aprovechamos para tomar un café, ir al lavabo y **poner gasolina.**
>
> **PEDRO:** Vale, de acuerdo, puedo conducir un poco más. Llegaremos en unos minutos al área de servicio. Al lado de la **gasolinera** suele haber una cafetería.
>
> **MARIO:** ¿Tu coche lleva gasolina o **diésel?**
>
> **PEDRO:** Funciona con **diésel.**
>
> **MARIO:** Mira, ya se ve el cartel de la gasolinera. No **aceleres** y ve frenando, que la incorporación estará ya cerca.
>
> **PEDRO:** Si hay algún mecánico le voy a pedir que me **revise** los frenos; tal vez **están averiados.**
>
> **MARIO:** Eso es muy peligroso; si es así, nos tendrán que **arreglar** el coche antes de seguir. Mira que un **accidente de tráfico,** por pequeño que sea, siempre trae problemas. ¿Tienes el **seguro a todo riesgo** o solo el **obligatorio?**
>
> **PEDRO:** Tranquilo, tengo el seguro a todo riesgo.

Unidad 18

2. Indique si son verdaderos (V) o falsos (F) los enunciados que siguen.

	V	F
a) Si van por la carretera tardarán menos tiempo que por la autopista.	☐	☐
b) Pondrán diésel en la gasolinera del área de servicio de la autopista.	☐	☐
c) Tendrán que bajar la velocidad cuando atraviesan un pueblo.	☐	☐
d) Pedro no tiene asegurado el coche a todo riesgo.	☐	☐
e) Pedro es imprudente, siempre viaja a más de 120 km por hora.	☐	☐

3. Relacione las expresiones siguientes con cada situación.

1. Seguro a todo riesgo.
2. Accidente de tráfico.
3. Está averiado.
4. Mapa de carreteras.

a) No funciona el freno de mano del coche.
b) No sabemos qué dirección tomar para llegar a una ciudad donde pasaremos las vacaciones.
c) Tengo un contrato con una compañía que me paga cualquier arreglo que necesite el coche por un accidente.
d) Circulaban por la carretera con exceso de velocidad y chocaron con un poste de la luz.

PALABRAS EN CONTEXTO

4. Lea el siguiente texto sobre las normas de circulación y marque después verdadero (V) o falso (F).

Unos amigos están preparando un viaje en bicicleta y están preocupados por los **accidentes** que se producen y por los **atropellos.** Por eso, han decidido estudiar y poner en práctica las **normas de circulación** que deben tener en cuenta en diferentes situaciones a lo largo del trayecto.

Por ejemplo, si deben realizar una **maniobra de giro a la izquierda** cuando existen **carriles** acondicionados para ello, deberán seguir otras medidas necesarias para llevarlo a cabo con **seguridad:**

UNIDAD 18

- Asegurarse de que no **se aproxima** ningún **vehículo.**
- **Indicar la maniobra** extendiendo el brazo izquierdo a la altura del hombro.
- Situarse en el **carril de giro a la izquierda.**
- Observar el **tráfico** y **ceder el paso** si es necesario.

Seguramente van a tener un muy buen viaje porque han preparado bien las bicicletas, llevan lo necesario para **reparar** las posibles **averías** y van a **respetar la velocidad máxima permitida** y las normas de circulación.

	V	F
a) Si no se cumplen las normas de circulación se producen accidentes y atropellos.	☐	☐
b) Se puede hacer un giro a la izquierda sin mirar atrás.	☐	☐
c) El que circula por la izquierda y gira no está obligado a ceder el paso al peatón.	☐	☐
d) Para reparar las averías necesitan llevar algunas herramientas.	☐	☐

5 Fíjese en estas expresiones y relaciónelas con sus definiciones.

1 Gasolina sin plomo   **2** Carril bus   **3** Diésel

4 Seguro obligatorio

a Parte de la calle señalizada para que circule solamente el transporte público, es decir, los taxis y los autobuses.

b Tipo de combustible que se expende en las gasolineras para no contaminar el ambiente.

c Combustible que se usa tanto para coches como para camiones.

d Contrato por el cual una persona o entidad aseguradora se compromete, a cambio de una cuota estipulada, a pagar determinada cantidad de dinero al asegurado en caso de daño por accidente.

Unidad 18

6 Complete las oraciones con estas palabras y expresiones.

atasco · multa · casco · circular · cinturón de seguridad · pinchar una rueda · avería · respetar · hacer el stop · poner gasolina · ceder el paso · aparcar · volante · señales de tráfico · motor

1. Si vas en moto, siempre tienes que ponerte el .... en la cabeza.
2. Si vas en coche, lleva siempre puesto el .... para que no te hagas daño en una frenada brusca.
3. Normalmente, los domingos por la tarde hay un gran .... para entrar en la ciudad.
4. Cuando vas al .... de un coche debes poner mucha atención y ser muy prudente.
5. Debes .... las .... para evitar los accidentes.
6. Cuando el acceso a una carretera está señalizado con un stop, es muy importante detenerse y .... para comprobar que no viene nadie.
7. Para .... no conviene esperar a que el depósito esté completamente vacío.
8. Es más fácil encontrar un lugar para .... en las zonas que tienen parquímetros.
9. No olvides que al llegar a una esquina debes .... a los vehículos que veas .... desde tu derecha.
10. Conviene que un mecánico revise el .... del coche cada 25.000 km.
11. Ha tenido que parar en la zona de descanso porque se le acaba de .... y necesita cambiarla.
12. Si aparca en doble fila los agentes de tráfico le ponen una ....
13. Ha tenido una .... en la carretera y ha tenido que venir la grúa para llevar el coche al taller.

7 Aquí tiene unos buenos consejos para antes de salir de viaje por carretera. Léalos e indique a cuál de estos términos se refieren.

1. LA REVISIÓN   2. EL SEGURO   3. PLANOS Y MAPAS   4. LAS MULTAS
5. ALQUILER   6. SEGURIDAD   7. PARKING

a) La mayoría de las ciudades europeas tienen zonas de estacionamiento limitado. Infórmate de cómo obtener los tiques. Ante la duda, estaciona siempre el coche en un aparcamiento vigilado. ☐

b) En algunos casos compensa alquilar un coche; sobre todo si tenemos uno pequeño, incómodo o muy viejo. ☐

UNIDAD 18

c) Respeta los límites de velocidad y sé respetuoso con las normas de circulación. Y no apartes las manos del volante. ☐

d) En todos los países europeos estamos obligados a pagarlas en el momento. Por eso no te extrañe que la grúa se te lleve el coche, porque esa es la forma que tienen de asegurarse el pago. ☐

e) La mayoría de los seguros a todo riesgo solo te cubren a terceros cuando viajas al extranjero. Cuando viajes fuera, negocia una ampliación del contrato. ☐

f) Además de los tradicionales de papel, consulta la ruta en mapas digitalizados que existen en el mercado o en alguna de las direcciones de Internet. ☐

g) Cuando se revisan los puntos vitales del coche disminuye el riesgo de averías. ☐

8 Resuelva el crucigrama con las palabras que resultan de ordenar las letras.

Horizontales

1. **Lacinoicruc:** traslado o movimiento por las vías públicas.
2. **Oncccduion:** manejo o dirección de un vehículo.
3. **Elvodacid:** rapidez en el movimiento.
4. **Mrnosa:** reglas que se deben seguir porque determinan cómo debe hacerse algo.

Verticales

1. **Endteacci:** hecho inesperado del que involuntariamente resulta un daño para una persona o cosa.
2. **Raveia:** daño, fallo o rotura de un vehículo o aparato.
3. **Ocatas:** densidad alta de tráfico, que no permite circular.
4. **Oruseg:** contrato por el que una entidad se compromete, a cambio de una cuota estipulada, a pagar el arreglo de las averías del coche o a pagar una cantidad de dinero al asegurado en caso de daño o de pérdida.
5. **Gosainla:** combustible derivado del petróleo, inflamable, que se usa para hacer funcionar el motor de los coches.

19 ¡Qué sana es la vida en el campo!
EN EL CAMPO

¡FÍJESE!

- Cobertizo
- Cepillar al caballo
- Ordeñar
- Rama
- Hoja
- Tronco
- Prado
- Recolectar miel
- Regar
- Plantar
- Raíz
- Toro
- Colmena
- Huerto
- Vacas
- Hierba
- Maceta
- Sembrar
- Semilla
- Árboles frutales
- Ovejas

FRASES ÚTILES

Estoy harto de la ciudad. Me voy al campo a hacerme campesino.

Mis amigos tienen varias colmenas y recolectan una miel estupenda.

Estuvimos en una granja y vimos cómo se ordeña a una vaca.

Voy a comprar semillas para plantar algunas hortalizas en mi huerto.

Estas plantas están secas. Hay que regarlas ya mismo.

UNIDAD 19

EJERCICIOS

PALABRAS EN CONTEXTO

1 **Lea esta historia sobre una visita a una granja.**

El fin de semana pasado fuimos a visitar una **granja** para conocer de cerca la vida en el campo; en la granja había un edificio principal, una **huerta,** un **invernadero** y varios **cobertizos.** Aprendimos muchas cosas de la vida **rural;** entre otras, que un **campesino** trabaja muchísimo. Fue muy divertido porque tuvimos la oportunidad de **cultivar** en la huerta, donde **habían plantado** muchas **hortalizas:** zanahorias, tomates, cebollas, lechugas, etc. **Aramos** la tierra, **sembramos semillas** y después **recogimos** tomates, lechugas, cebollas, ajos y zanahorias para poder hacer una buena ensalada. ¡Estaba riquísima!

También plantamos **árboles frutales,** tres **perales** y dos **manzanos.**

Había **toros** y **ovejas** en el **prado,** comiendo **hierba,** pero los **corderos** pequeños estaban en un cobertizo.

Al atardecer **cepillamos** a los caballos y **ordeñamos** a las vacas para tener leche para el desayuno. Además, nos enseñaron cómo hacen yogur, queso y mantequilla con la leche.

Al día siguiente, por la mañana, recogimos los huevos que acababan de **poner** las gallinas y dimos de comer a los **pollos** y a los **conejos.** Después fuimos a unas **colmenas** a **recolectar miel.** Nos pusimos guantes y una especie de sombrero para que no nos picaran las **abejas.**

El invernadero nos encantó a todos. Hay muchos **semilleros** donde plantan semillas que, cuando **brotan** y crecen, se **trasplantan** a **macetas** hasta que **florecen.** La temperatura cálida del invernadero favorece el cultivo de las plantas. También tienen un **jardín** con **césped** y **jardineras** llenas de flores. Nosotros **regamos** las plantas, **cortamos ramas** e hicimos **ramos** para colocar en **centros** y **floreros.**

Cuando nos fuimos, ¡nos regalaron los ramos que habíamos hecho para que nos los lleváramos a casa! Nos ha gustado mucho la experiencia y sin duda la repetiremos el año que viene.

2 **Indique si estas afirmaciones son verdaderas (V) o falsas (F).**

		V	F
a)	Las frutas y las hortalizas se cultivan en el invernadero.	☐	☐
b)	El invernadero protege a las plantas del frío.	☐	☐
c)	Cepillaron a los caballos y a las vacas.	☐	☐
d)	Los conejos ponen huevos.	☐	☐

UNIDAD 19

3 Subraye la palabra intrusa en cada serie.

1. Arar   divertirse   sembrar   recolectar
2. Jardinera maceta   cobertizo   florero
3. Vaca   abeja   cordero   toro
4. Rama   hoja   campesino   semilla

4 Complete las oraciones con los verbos adecuados en el tiempo correcto.

1. En la granja nos enseñaron a .... la tierra.
2. Hay que .... las ramas de estos árboles.
3. Ya recogimos todos los huevos que .... ayer las gallinas.
4. Me gustó mucho ver cómo se .... la miel.
5. A los caballos les gusta que los ....
6. Me parece muy difícil .... a las vacas.

5 Relacione las palabras de ambas columnas.

1. plantar   a) el jardín
2. centro   b) peras
3. regar   c) una semilla
4. recoger   d) de flores

6 ¿A qué palabra se refiere cada una de estas definiciones?

1. Plantas cultivadas en huertas que se consumen como alimentos: ....
2. Recipiente de barro cocido para cultivar plantas: ....
3. Fluido dulce y viscoso producido por las abejas: ....
4. Terreno generalmente cercado, destinado al cultivo de verduras y árboles frutales: ....
5. Tallo fuerte y duro de una planta o árbol del cual salen las ramas: ....

UNIDAD 19

7 Relacione estos refranes con su significado.

1 El campesino tiene que sembrar para recolectar.

a Las personas prefieren estar entre gente de su misma clase.

2 Hay que agarrar al toro por los cuernos.

b Para conseguir algo tienes que trabajar primero.

3 Cada oveja con su pareja.

c Hay que enfrentarse a un problema o dificultad con decisión y valentía.

8 Elija el verbo más apropiado para completar estas instrucciones.

Para **cultivar / brotar / cortar** una planta sana se deben seguir los siguientes pasos:

En primer lugar, hay que **cultivar / plantar / brotar** las **semillas / hojas / raíces** en un **maceta / florero / semillero**.

Después, se han de **regar / florecer / cortar** periódicamente hasta que **florezcan / broten / corten** las primeras hojas y, entonces, hay que **trasplantar / cortar / regar** la planta con cuidado a una **jardinera / jarrón / planta**, donde habrá que volver a **cortarla / regarla / plantarla** abundantemente.

Cuando empiece a **florecer / transplantar / cultivar**, es el momento de **plantar / cortar / regar** las flores para que luzcan todo su esplendor en un **huerto / ramo / jardinera**.

-115-

20 *Hazle una foto al oso*
SAFARI FOTOGRÁFICO

¡FÍJESE!

Mamíferos: Elefante, ¡Peligro!, León, Tigre, Jirafa, Cebra, Mono, Oso

Animales acuáticos: Foca, Ballena, Tiburón, Delfín

Aves: Buitre, Águila, Avestruz

Reptiles: Serpiente, ¡Peligro!, Cocodrilo, Tortuga

Jaula, Foso, Columpio, ZOO

FRASES ÚTILES

- Las cebras alejan a los insectos moviendo su cola.
- El elefante es un animal muy común en la India.
- Los delfines son muy pacíficos e inteligentes.
- ¿No crees que los monos son un poco peligrosos?
- Las ballenas, aunque parecen peces, son mamíferos.
- Estás loco. ¿Quieres tener un cocodrilo como mascota?
- A los osos les encanta la miel.

EJERCICIOS

PALABRAS EN CONTEXTO

1 Lea el siguiente texto sobre animales y fotografía.

Un **safari fotográfico** en el **zoo** puede ser la ocasión ideal para iniciarte en la magia de la fotografía **digital.** Antes de empezar a **fotografiar** los animales del zoo, asegúrate de tener **baterías** y mucho espacio libre en la **tarjeta de memoria.** No te olvides del **trípode** porque te será muy útil para mantener la **cámara** fija cuando quieras **sacar fotos** de los animales en movimiento, especialmente de los **monos,** que no paran de **columpiarse** y de comer plátanos.

Recuerda que no has de acercarte mucho a las **jaulas** de los animales junto a los que hay una señal de **peligro** porque podrían atacarte. Algunos animales **peligrosos,** como los **leones, tigres** y **osos,** están separados por un **foso** alrededor para evitar su contacto con los visitantes del zoo. Si quieres fotografiarlos de cerca necesitarás utilizar el **zum** de la cámara.

Cuando vayas al **acuario** a ver a los **tiburones, ballenas** y otros **animales acuáticos** tendrás que activar el **flash** porque en estos recintos hay muy poca luz.

Empieza fotografiando a los animales más **pacíficos** y amigables, como las **cebras,** las **jirafas** y los **elefantes,** ya que al ser más tranquilos y muy grandes te permitirán **enfocar** el **objetivo** sin prisa y **tomar fotografías** de gran calidad. Aunque algunos **reptiles** suelen estarse muy quietos, como es el caso de los **cocodrilos** cuando duermen al sol o de las **serpientes** que veas enroscadas, no hay que olvidar que son animales **salvajes** muy peligrosos; por tanto, tendrás que fotografiarlos desde lejos utilizando el zum. El reptil más pacífico que encontrarás en el zoo es la **tortuga,** animal que muchas personas tienen como **mascota** o **animal de compañía** en sus casas.

Aunque sea difícil, no te vayas del zoo sin fotografiar algunas **aves,** como los **avestruces,** y especialmente las **águilas** y los **buitres,** porque son **especies en peligro de extinción,** y no tendrás muchas oportunidades de verlos en libertad. Y por último, ponle fin a tu safari fotográfico con unas simpáticas fotografías del espectáculo de saltos que ofrecen los **delfines** con su entrenador.

Unidad 20

2 Ahora responda a las siguientes preguntas.

1. ¿Qué animales son mansos? ....
2. ¿Qué animales son peligrosos? ....
3. ¿Qué animales están protegidos? ....
4. ¿Qué animales son los más simpáticos? ....
5. ¿Qué se necesita para fotografiar animales con poca luz? ....
6. ¿Qué hay que utilizar para fotografiar animales a gran distancia? ....
7. ¿Qué se utiliza para mantener la cámara fija? ....
8. ¿Dónde se almacenan las fotografía digitales? ....

3 Complete el siguiente diálogo.

AIKO: Mira ese animal de allí. ¿Cómo se llama en español?

PEPE: ¿Cuál?

AIKO: Ese animal grande, gris, con grandes orejas y colmillos.

PEPE: Eso es un (1) ....

AIKO: ¡Ah! Es muy bonito. ¿Y ese otro con el cuello muy largo y la piel amarilla y negra?

PEPE: Es una (2) .... Mira cómo se come las hojas del árbol. Y aquel otro con rayas blancas y negras es…

AIKO: ¡Una (3) ....! Eso sí lo sé. Y fíjate cómo aleja los insectos con la cola.

PEPE: Mira este animal tan grande y fuerte con la piel marrón. Es un (4) ....

AIKO: ¡Está pescando! Estos animales también viven en el Polo Norte.

PEPE: Sí, pero allí son blancos.

AIKO: Yo no había visto nunca ese pájaro tan grande con el cuello tan largo.

PEPE: Eso es un (5) .... Vive en Australia y no vuela, es terrestre.

AIKO: En mi país hay peces muy grandes y simpáticos que dan saltos…

PEPE: Sí, los (6) .... Son muy bonitos pero no son peces, Aiko, son mamíferos como tú y yo. A mí me gustan más los (7) ....

AIKO: ¿Qué? No entiendo.

PEPE: Son como gatos amarillos con rayas negras.

AIKO: ¡Ah! Ya sé cuál es. Pues a mí el animal que más me gusta es el que se parece a los humanos.

PEPE: El (8) .... Claro, es muy gracioso. Hace muchas monerías. Ja, ja, ja.

Unidad 20

4 **Clasifique estos animales en su lugar correspondiente.**

[cocodrilo / mono / elefante / oso / serpiente / águila / avestruz
delfín / buitre / león / cebra / tortuga / foca / tigre / jirafa / ballena]

MAMÍFEROS	AVES	REPTILES

5 **Relacione las dos partes de estas adivinanzas y anote qué animal es.**

1 Tiene famosa memoria, fino olfato y dura piel,

a que siempre llega al final?

b cara de serpiente y patas de palo.

2 Es tan grande mi fortuna que estreno todos los años

c y las mayores narices que en el mundo pueda haber.

3 ¿Cuál es el animal

d sentada sobre una roca, suave, negra, bigotuda.

4 Tiene alas y no vuela;

5 Cerca del polo, desnuda,

e un vestido sin costura de colores salpicado.

6 Duro por arriba, duro por abajo,

f fuertes zancas y es ligera.

1. .... 4. ....
2. .... 5. ....
3. .... 6. ....

Unidad 20

6 Complete el siguiente texto con las palabras o expresiones adecuadas.

[revelar / trípode / sacar / curso / imprimir / álbumes / objetivo / medir / copias
zum / cámara digital / flash / botón de disparo / cámara tradicional / fotógrafa]

A María le encanta la fotografía y ha decidido matricularse en un (1) .... para aprender a hacer buenas fotografías, porque en el futuro le gustaría ser (2) .... Desde pequeña ha sacado cientos de fotos que conserva en varios (3) .... de fotos. Hasta hace unos años tenía una (4) .... y llevaba el carrete de fotos a una tienda de fotografía para (5) ....las. Después encargaba (6) .... de las mejores fotos y se las regalaba a sus amigos. Pero ahora se ha comprado una (7) .... y un (8) ...., y ella misma puede (9) .... sus fotos en la impresora que tiene en su casa. La gran ventaja es que puede hacer todas las copias que quiera.

María no está muy contenta con la calidad de sus fotografías. Necesita aprender a (10) .... la luz para saber cuándo es necesario utilizar el (11) .... También tiene que aprender a utilizar bien el (12) .... porque cuando presiona el (13) .... para (14) .... una foto de un objeto que está lejos del (15) .... de la cámara, las fotos le salen movidas.

7 Una cada palabra con su definición.

1. Revelar
2. Zum
3. Flash
4. Objetivo
5. Copia

a) Cada uno de los ejemplares que resultan de reproducir una fotografía.

b) Aparato que, mediante un destello, da la luz precisa para hacer una fotografía.

c) Hacer visible la imagen de una película fotográfica.

d) Lente de la cámara colocada en la parte que se dirige hacia el objeto que se quiere fotografiar.

e) Teleobjetivo especial cuyo avance o retroceso permite acercar o alejar la imagen.

UNIDAD 20

8 **Indique el orden lógico de los pasos necesarios para tomar una fotografía.**

a) Medir la luz para ver si hay que activar el flash. ☐

b) Utilizar el zum si el motivo está muy lejos. ☐

c) Disparar presionando el botón de disparo. ☐

d) Orientar el objetivo de la cámara al objeto o persona que se quiere fotografiar. ☐

e) Encender la cámara presionando el botón *on*. ☐

9 **Complete las oraciones con la palabra adecuada.**

| imprimir | sacar | objetivo | revelar | copia | blanco y negro |

| fotógrafos | flash | enfocar | álbum |

1. A los .... profesionales les gusta hacer fotos en ....
2. Miguel no es buen fotógrafo: no sabe .... buenas fotografías.
3. Tienes que aprender a .... mejor porque, si no, las fotos te salen borrosas.
4. Para .... fotos necesitas estar en una habitación sin luz.
5. Para .... fotos digitales necesitas una impresora y papel fotográfico.
6. En la posición automática el .... salta si hay poca luz.
7. Limpia el .... de la cámara porque tiene polvo.
8. En esta foto he salido muy bien; hazme una ...., por favor.
9. Me gusta mucho ordenar y colocar las fotos en un ....

21 ¿Cuál es tu deporte de invierno favorito?
DEPORTES DE INVIERNO Y DE AVENTURA

Esquí de fondo
Bastón
Botas
Esquí alpino

Patinaje sobre hielo
Patines
Cuchillas
Pista de hielo

Hockey sobre hielo
Palo
Disco

Snowboard
Tabla

Trineo
Tirarse en trineo

Piragüismo
Pala / remo
Piragua

Vela
Ala delta

FRASES ÚTILES

Los deportes de invierno se practican sobre nieve o sobre hielo.
¿Has hecho snowboard alguna vez?
Si nieva iremos a tirarnos en trineo.
Es arriesgado practicar deportes de aventura sin la supervisión de un monitor.
Fuimos a la pista de hielo a patinar.
Mi hermano es piragüista profesional.

Ejercicios

Palabras en contexto

1 **Lea la siguiente conversación.**

> **Felipe:** ¿Te gusta **practicar algún deporte** de invierno?
>
> **Mauricio:** Sí, me gustan mucho los deportes que se practican en la nieve, pero no sobre el hielo porque me da miedo.
>
> **Felipe:** ¿Por qué? El **patinaje sobre hielo** es muy divertido, y no hace falta que seas un deportista profesional para **patinar.** Puedes ir con tus amigos a una **pista de hielo** a divertirte un rato.
>
> **Mauricio:** A mí me dan miedo las **cuchillas** de los **patines** y me parece muy peligroso caerse sobre el hielo. Te puedes hacer mucho daño, ¿no?
>
> **Felipe:** No te creas; para mí son mucho más peligrosos el **snowboard** o el **esquí alpino** porque alcanzas velocidades muy altas y, si te caes, es mucho peor.
>
> **Mauricio:** Es cierto, por eso es muy importante tomar clases con un **monitor** que te enseñe.
>
> **Felipe:** Si no te gustan las pistas de hielo, tampoco te gustará el **hockey.**
>
> **Mauricio:** El hockey me parece un deporte muy divertido y me gusta mucho verlo, pero no practicarlo. Es que ya sabes que los **palos** y las cuchillas provocan lesiones muy graves.
>
> **Felipe:** ¡Jo, qué miedoso eres! Te recomiendo que **te tires en trineo,** pero… con la ayuda de un profesor, jeje.
>
> **Mauricio:** ¡Qué gracioso eres! Anda, y ve con cuidado a ver si te vas a caer tú, so listo.

2 **Marque la oración que mejor resume la conversación.**

a) A Mauricio no le gustan los deportes de invierno.

b) Felipe se burla de Mauricio porque le parece que es un poco miedoso.

c) Mauricio realmente desea que Felipe se caiga cuando patine.

d) Los deportes de invierno se deben practicar con un monitor.

Unidad 21

3 Encuentre la analogía entre los siguientes términos.

1. Tabla es a .... como patines a ....
2. Disco es a .... como .... es a tenis.
3. Pala es a .... como vela a ....
4. Bastón es a .... como palo a ....

4 Indique a qué deporte se refiere cada definición.

1. Es un deporte muy antiguo porque en los países nórdicos era una forma de desplazarse de un lugar a otro durante los duros inviernos: ....
2. Deporte consistente en la competición de dos o más barcas estrechas y alargadas, movidas por remos o palas: ....
3. Se practica en una pista de hielo en la que tanto los jugadores como los árbitros llevan patines. El objetivo es meter el disco en la portería del equipo contrario: ....
4. Actividad deportiva que se practica como diversión o en competición que consiste en deslizarse con unos patines con cuchillas por una pista de hielo: ....
5. Deporte muy divertido que consiste en deslizarse cuesta abajo en un vehículo específico: ....
6. Es un deporte en el que un corredor se desliza por la nieve con la ayuda de una tabla: ....
7. Es un deporte que consiste en el deslizamiento por nieve por medio de dos tablas sujetas a la suela de una botas mediante fijaciones mecánicas: ....
8. Deporte que consiste en planear o volar aprovechando las corrientes de aire: ....

5 Escriba el nombre de la persona que practica cada uno de estos deportes.

1. Esquí de fondo: ....
2. Esquí alpino: ....
3. Hockey sobre hielo: ....
4. Patinaje sobre hielo: ....
5. Piragüismo: ....

Unidad 21

6 Complete el siguiente texto sobre el patinaje.

deslizarse · música · cuchillas · hielo · patín · cruzar · pies

patinadores · ballet · congelados · bota · movimientos

Los orígenes del patinaje se remontan a los tiempos en que el ser humano ataba a sus (1) .... huesos de animales para (2) .... con ellos sobre el (3) .... y poder (4) .... los lagos y arroyos (5) .... durante los meses de invierno. Con el tiempo, se cambiaron los huesos por unas (6) .... unidas a una (7) .... y a este tipo de zapato se le llamó (8) .... Esta forma de moverse acabó convirtiéndose en una diversión popular. Buscando unir elegancia y belleza, los (9) .... comenzaron a sincronizar sus pasos, saltos y otros (10) .... con (11) ....; el resultado de todo ello fue una especie de (12) .... sobre hielo.

7 Ordene las letras de estas palabras referentes a los deportes de invierno y aventura.

1. tabo: ....
2. edefqsoínudo: ....
3. praigsmiüo: ....
4. patianr: ....
5. aqsdouire: ....
6. ablta: ....
7. clacilhus: ....
8. pugiara: ....
9. lopa: ....
10. pstia: ....
11. pítan: ....
12. netoir: ....
13. alleatda: ....
14. btnsaoes: ....
15. ptieaodrnas: ....
16. opníuqsliea: ....

22 ¡Por fin metí un gol!
DEPORTES DE EQUIPO

¡FÍJESE!

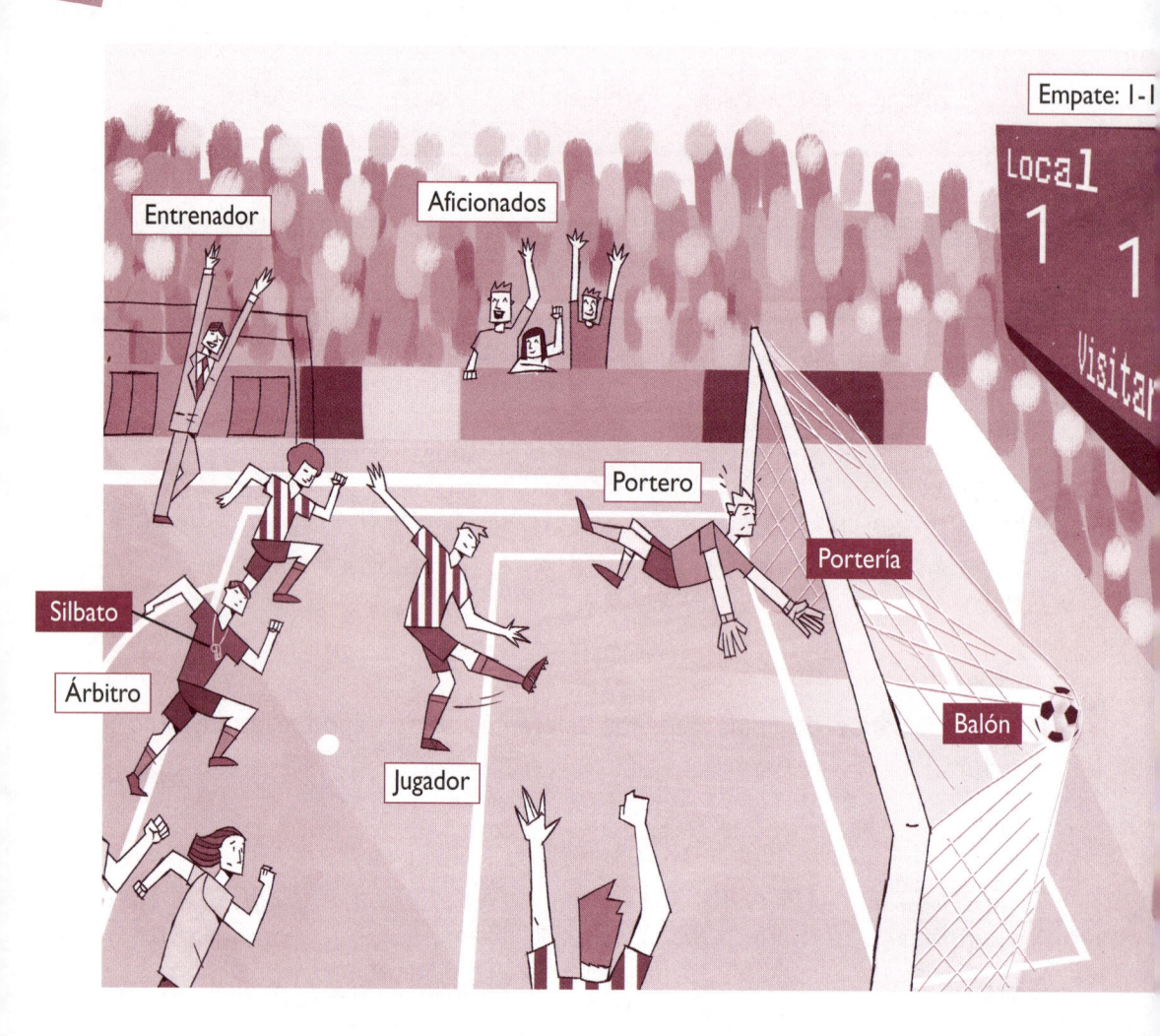

- Empate: 1-1
- Local 1
- Visitar 1
- Entrenador
- Aficionados
- Portero
- Portería
- Silbato
- Árbitro
- Balón
- Jugador

FRASES ÚTILES

¡Qué emoción! El partido está empatado a dos.

Los aficionados gritaron mucho durante el partido.

Un jugador dio una patada a otro y el árbitro le pitó falta.

Luis corrió hacia la portería y metió un gol magnífico.

El portero no pudo parar el penalti y su equipo perdió el partido.

UNIDAD 22

EJERCICIOS

PALABRAS EN CONTEXTO

1 Lea el siguiente texto.

El **partido** de fútbol de ayer en el que **jugaba** México contra España fue realmente emocionante. Durante el **primer tiempo** del partido, España iba **ganando** 3-0. Pero durante el **segundo tiempo,** el **entrenador** del **equipo** de México cambió a tres de los jugadores y en menos de veinte minutos **marcaron** tres **goles.** Los **seguidores** del equipo de México no paraban de animar a su equipo. Parecía que el partido iba a terminar con un **empate** a 3, pero en los últimos cinco minutos un jugador de la selección mexicana lanzó el **balón** contra la **portería** de España. El portero no pudo **parar** el balón, que entró con fuerza en la portería. Con este cuarto gol, México se convirtió en el equipo **ganador.** Cuando el **árbitro** anunció el final del partido con su **silbato,** todos los **aficionados** gritaban, unos de alegría y otros de tristeza.

2 Indique si las siguientes afirmaciones son verdaderas (V) o falsas (F).

	V	F
a) España perdía durante el primer tiempo.	☐	☐
b) El partido no terminó en empate.	☐	☐
c) El árbitro pitó una falta a un jugador de México.	☐	☐
d) El portero anunció el final del partido.	☐	☐
e) Los aficionados del equipo español gritaban de alegría.	☐	☐
f) México fue el equipo ganador.	☐	☐

3 Complete estos textos con las palabras necesarias en su forma adecuada.

A

fútbol | equipo | béisbol | partido | practicar

El .... y el .... son los deportes más populares del mundo hispano. Millones de personas .... estos deportes y siguen con gran expectación los .... de sus .... favoritos.

-127-

Unidad 22

B

| balón | equipo (3 veces) | correr | fútbol |
| gol | jugador (2 veces) | portería |

En el .... juegan dos .... de once .... cada uno. Los jugadores .... detrás de un balón con el objetivo de meterlo en la .... del otro .... Cuando un .... mete el .... en la portería del .... contrario se llama gol. El equipo ganador es el que más .... mete.

C

| bate | pelota (2 veces) | campo | correr | carrera |
| jugador | ganador | base | béisbol | bateador |

El .... es también un deporte de equipo en el que juegan dos equipos de nueve .... cada uno. Un equipo golpea una .... con un .... y .... por el .... buscando alcanzar la mayor cantidad de bases posibles hasta dar la vuelta a la base desde donde se bateó. Los puntos que consigue se llaman carreras. Mientras, el otro equipo tiene que buscar la .... antes de que el .... llegue primero a una de las .... o consiga una .... El equipo .... es el que consigue más carreras.

4 Escriba la palabra adecuada para cada definición.

1. Persona que practica un deporte: ....
2. Persona que entrena a un equipo: ....
3. Persona que hace que se cumpla el reglamento: ....
4. Jugador de fútbol: ....
5. Jugador de béisbol: ....
6. Persona que anima a su equipo: ....
7. Conseguir los mismos puntos en un partido: ....
8. Persona que forma parte de un equipo: ....
9. Grupo de deportistas que juegan juntos: ....
10. Equipo que pierde un partido: ....

Unidad 22

5 Marque el intruso en cada serie de palabras.

1. Bate   carrera   gol   base
2. Árbitro   portería   jugador   portero
3. Pitar   aficionado   falta   penalti
4. Silbato   portero   jugador   árbitro
5. Perder   marcar   empatar   ganar

6 Lea estas oraciones y elija la opción correcta.

1. El equipo local ganó 5-0. Fue un gran **empate** / **partido**.
2. No entiendo por qué el árbitro no **marcó** / **pitó** falta.
3. Este beisbolista es un magnífico **bateador** / **portero**.
4. ¡Qué pena! Al final mi equipo **ganó** / **perdió** el partido injustamente.
5. En el partido del pasado domingo ocurrió algo muy gracioso. Cuando el **árbitro** / **entrenador** vio la patada que dio un **jugador** / **aficionado** a uno del equipo contrario, decidió pitar **penalti** / **gol** pero no pudo porque había perdido **la cabeza** / **el silbato**.

7 Busque en esta sopa de letras ocho palabras estudiadas en la unidad.

R	Ñ	Y	E	M	V	G	D	S	Q	F	G	B	F	M	H	D	O
T	Z	E	T	L	E	H	E	U	Z	R	F	N	D	N	Y	D	G
Y	X	W	G	P	S	Y	A	L	F	T	C	H	X	H	A	C	T
U	C	X	E	T	A	P	M	E	C	Y	D	Y	C	N	R	V	Y
I	V	C	B	D	B	V	C	N	Y	B	E	U	O	B	E	F	H
O	B	G	Y	E	M	F	G	T	B	H	S	I	E	V	R	R	N
P	N	U	U	Q	I	R	H	R	H	U	C	I	S	F	R	E	U
A	M	I	H	G	K	E	N	E	U	I	A	K	D	C	A	X	J
S	T	L	O	C	O	D	M	N	F	J	Z	O	X	X	C	S	M
D	F	L	S	S	L	C	I	A	O	N	X	M	C	D	C	C	I
F	E	N	A	Z	P	S	K	D	M	K	C	L	D	S	D	F	K
G	R	M	K	F	D	W	O	O	J	N	D	P	E	Z	E	R	O
H	T	D	P	G	X	A	I	R	E	T	R	O	P	A	R	V	L

23 ¿No me puede hacer una rebaja?
DE COMPRAS

¡FÍJESE!

*¡Qué **ofertas** más interesantes!*

*Puede **pagar a plazos** sin intereses.*

Dos años, señor.

*No, prefiero **pagar al contado**. ¿Y cuánta **garantía** tiene este aparato?*

FRASES ÚTILES

- Los electrodomésticos están de oferta en el centro comercial, son más baratos.
- ¿Me van a hacer un descuento del 10% como anuncian?
- Voy a pagarlo al contado, con dinero, no con tarjeta.
- Tiene garantía de tres años, por si se avería.
- ¿Se puede hacer una devolución o me lo cambian por otro si se estropea?
- No me gusta comprar por catálogo. Me parece arriesgado.

Ejercicios

Palabras en contexto

1 **Lea el siguiente diálogo.**

> **Don Leo:** Buenos días.
>
> **Dependiente:** Buenos días, don Leo. ¿En qué puedo servirle?
>
> **Don Leo:** Necesito comprar un regalo para una sobrina que se casa.
>
> **Dependiente:** ¿Ha pensado usted en algo? ¿Una plancha, un exprimidor, un hervidor de agua...?
>
> **Don Leo:** No sé... ¿Hay **rebajas**? ¿Tiene usted algo **en oferta**?
>
> **Dependiente:** Efectivamente, señor. Aquí tenemos un ventilador **rebajado.** Y además puedo hacerle un **descuento** del 15% si también se lleva este aspirador.
>
> **Don Leo:** ¿Tiene **garantía**?
>
> **Dependiente:** Claro, tiene una garantía de dos años. Si se estropea o se avería, se lo arreglan gratis.
>
> **Don Leo:** ¿Y lo podría **cambiar** o **devolver** mi sobrina si ya tiene aspirador?
>
> **Dependiente:** Si lo **paga** usted **al contado,** sí.
>
> **Don Leo:** Claro, nunca **he comprado** nada **a plazos...** Como siempre, se lo pagaré al contado, con dinero contante y sonante... **¿Cuánto es en** dólares?
>
> **Dependiente:** ¿Es que me lo va a pagar en dólares?
>
> **Don Leo:** No, señor, es que quiero saber cuántos dólares son porque mi sobrina vive en Nueva York y quiero saber cuánto es en su moneda para no quedar mal... Bueno, a ver qué llevo en la cartera. Vaya, ¡qué cabeza tengo! Resulta ahora que no llevo dinero suficiente. ¿Le puedo pagar con un **cheque**?
>
> **Dependiente:** Pero entonces le tengo que **subir el precio...**
>
> **Don Leo:** ¡Ah, eso sí que no! Entonces le voy a **pagar con tarjeta...**
>
> **Dependiente:** Pero es que nosotros tenemos precios muy especiales y si me paga con tarjeta solo puedo hacerle un descuento del 5%.
>
> **Don Leo:** Entonces, lo **compro por Internet...** o **por catálogo...** No me gusta, pero es más barato.
>
> **Dependiente:** Bueno, don Leo, por ser usted le **rebajaré** un poco más el precio.
>
> **Don Leo:** Muchas gracias.

Unidad 23

2 **Marque ahora verdadero (V) o falso (F).**

	V	F
a) No hay rebajas en la tienda.	☐	☐
b) El ventilador tiene descuento.	☐	☐
c) Don Leo quiere pagar en libras.	☐	☐
d) A don Leo no le gusta pagar a plazos.	☐	☐
e) A don Leo no le importa que le suban el precio.	☐	☐
f) Don Leo prefiere comprar por catálogo.	☐	☐

3 **Sustituya en las oraciones las expresiones en negrita por una de las siguientes.**

SUBIR EL PRECIO　　　*EN OFERTA*　　　**AL CONTADO**

COMPRAR POR INTERNET　　**HACER UN DESCUENTO**

1. El dependiente le ofrece a don Leo algunos artículos **más baratos** = ...
2. Don Leo siempre paga **con dinero** = ...
3. El dependiente dice que tendrá que **aumentar el coste** del aspirador = ...
4. A don Leo le gusta que le **rebajen el precio de lo que compra** = ...
5. Si no le rebajan el precio, don Leo lo **adquirirá usando el ordenador** = ...

4 **Complete la tabla siguiente con palabras y frases de la unidad.**

En relación con:
Las formas de pago →
El precio de los productos →
La compra desde casa →

UNIDAD 23

5 **Complete las oraciones con palabras de la unidad.**

1. No pagues a plazos, es mejor pagar al ....
2. Este mes hay muy buenas .... y todos los productos bajarán de precio. Así que me iré de rebajas a ver si encuentro algo bueno, bonito y barato.
3. Pide la .... por si se estropea el aspirador.
4. Ayer compramos un frigorífico por ...., a ver si es tan bueno y bonito como parece en la foto.
5. La dependienta me hizo un .... muy grande porque soy cliente suyo desde hace varios años.

6 **Ordene las palabras de las oraciones siguientes.**

1. pagar dijo cheque con quería que

   ....

2. rebajas centro el comercial pronto en habrá

   ....

3. el catálogo y lo compró televisor devolvió por

   ....

4. la en tienda buen un hicieron me descuento

   ....

7 **¿Qué verbos pueden combinarse con cada término?**

El precio	→	....
Una devolución o un cambio	→	....
Un descuento	→	....
Rebajas	→	*Salir de* ....
Garantía	→	....

Unidad 23

8 Ordene los párrafos en una secuencia lógica.

a) A continuación, se le pedirá registrarse como cliente.

b) Después, hay que elegir la vía que se utilizará para recibir la compra: servicio postal o mensajería.

c) Gracias por su compra. No deje de visitar la sección Rebajas, donde encontrará ofertas y descuentos muy interesantes.

d) Consejos de compra por Internet.

e) Ya con su código de cliente, podrá escoger el artículo que quiere comprar en el catálogo *online*.

f) Seguidamente, seleccionará la forma de pago: a plazos, con cheque, con tarjeta.

g) En primer lugar, deberá identificar el comercio donde desea comprar en Internet.

h) Una vez elegido el artículo, el siguiente paso es dar sus datos (nombre y correo electrónico) para recibir su confirmación del pedido.

i) Una vez recibido el producto, el plazo para devolverlo es de 15 días.

9 Relacione cada refrán con su significado.

1 Comprar y vender, buen camino para enriquecer.

2 Paga en tres veces, tarde, mal y nunca.

3 Si te cobra el Ayuntamiento no pienses en un descuento.

4 Marido rico y necio no tiene precio.

5 No hay plazo que no llegue ni deuda que no se pague.

a Si tienes un esposo con dinero y tonto puedes hacer lo que quieras.

b Todo hay que pagarlo, aunque sea a plazos.

c Comerciar siempre es una ventajosa actividad económica.

d En las instituciones públicas nunca rebajan dinero de lo que cobran.

e No pagues, y si pagas, paga mañana o poco.

UNIDAD 23

10 Indique a qué término se refiere cada definición.

> plazos / oferta / descuento / catálogo / garantía / precio / rebajas / devolución

1. Ofrecer mercancías a un precio más bajo:

   ....

2. Rebaja de dinero en una compra:

   ....

3. Compromiso del fabricante de un aparato de reparar de forma gratuita las averías que tenga dicho aparato durante un periodo determinado:

   ....

4. Cantidad de dinero que hay que pagar por una cosa:

   ....

5. Lista de productos que se venden en una tienda:

   ....

6. Partes en que se divide una cantidad de dinero que hay que pagar por un objeto que se compra:

   ....

7. Cambio de algo que se ha comprado y no funciona o está estropeado:

   ....

8. Venta de productos a precios reducidos durante un periodo de tiempo en un establecimiento comercial:

   ....

24 ¡Qué bien te queda la blusa!
ROPA, CALZADO Y COMPLEMENTOS

¡FÍJESE!

Cariño, ¿qué blusa te gusta más? ¿La de rayas o la de cuadros?

Oye, ¿y tú no crees que esa camisa te queda un poquito estrecha?

No sé, seguro que las dos te quedan bien.

Pues yo creo que no me queda mal, ¿no?

- Vestido estampado de flores
- Chaquetas
- Corbatas
- Bolsos
- Falda
- Blusa lisa
- Minifalda
- Zapato de tacón
- Zapato plano
- Camisa de rayas
- Pantalones
- Botas
- Zapatilla de deporte
- Sandalia

FRASES ÚTILES

Ahora estoy más delgado; pasé de la talla 48 a la 46.

–¿Qué número calza usted? –El 43.

Las zapatillas de deporte me quedan pequeñas, me hacen mucho daño. Necesito un número más.

–Mira, ese vestido estampado de flores es precioso.

–A mí me parece horrible. Me gustan los vestidos lisos porque los puedes combinar con diferentes complementos.

Ese jersey de lana es ideal para el invierno.

Prefiero los tejidos naturales, como el algodón, el lino, la seda o la lana. En cambio, no me gusta el nailon.

UNIDAD 24

EJERCICIOS

PALABRAS EN CONTEXTO

1 **Lea el siguiente texto.**

Dos hermanas van de rebajas a un centro comercial. Quieren aprovechar las ofertas que hay ahora para hacer algunos regalos y renovar el vestuario.

MARTA: Necesito un **traje de chaqueta** para la oficina, pero me gustaría que fuera de **algodón** o **de lino.**

IRENE: Sí, la verdad es que esos **tejidos** son muy **cómodos,** pero **se arrugan** mucho.

MARTA: A mí eso no me importa. Mira, este traje negro me viene muy bien, es justo de la **talla 42,** mi talla. Y lo puedo **combinar con complementos** de cualquier color. Además, ahora que **se llevan** los **estampados de flores,** me voy a comprar una de esas **blusas** tan bonitas que están con el 50% de rebaja.

IRENE: A mí me gustaría comprarme un **vestido de seda,** no sé si **liso** o estampado, pero con un buen escote, muy sexy. Y también necesito unos **zapatos de tacón** y un **bolso de fiesta.**

MARTA: Ya queda poco para la boda de Juanita. ¿Quieres que te deje el **collar,** los **pendientes** y el **anillo de oro y plata** que me puse en tu boda? **Sientan muy bien, van con todo.**

IRENE: Estupendo, porque casi todo lo que tengo es de **bisutería** y no es de muy buena calidad. ¿Qué te parece si le compramos una **corbata de rayas** a papá y un **pañuelo de seda** a mamá?

MARTA: Me parece genial; fíjate en estos pañuelos, están muy rebajados. Y son de seda, como a ella le gusta. Tócalos, ¡qué suaves y ligeros son!

2 **Indique si los siguientes enunciados son verdaderos (V) o falsos (F).**

	V	F
a) El tejido de lino no es muy confortable.	☐	☐
b) El traje negro se puede poner con complementos diversos.	☐	☐
c) Según ellas ahora están de moda los estampados de flores.	☐	☐
d) Las blusas están a mitad de precio.	☐	☐
e) Los pendientes que tiene Marta no quedan muy bien.	☐	☐

Unidad 24

3 Complete las oraciones con las palabras apropiadas. Le damos como pista la inicial de las palabras.

1. Marta se ha comprado en las rebajas un v _ _ _ _ _ _ e _ _ _ _ _ _ _ _ con flores de la talla 42.
2. Paula quiere regalarle a su hermano una c _ _ _ _ _ _ de seda por su cumpleaños.
3. ¿Tú crees que esta m _ _ _ _ _ _ _ _ me quedará bien con esta b _ _ _ _ ?
4. Por favor, deme un n _ _ _ _ _ menos porque estos zapatos me están un poco grandes.
5. Los z _ _ _ _ _ _ de t _ _ _ _ de esta tienda son muy cómodos. En cambio, las b _ _ _ _ son muy feas y caras.

4 Una estos refranes y expresiones relacionados con la ropa con las situaciones en que suelen decirse.

1. El hábito no hace al monje.
2. Lavar la ropa sucia en casa.
3. Desnudar a un santo para vestir a otro.
4. Ir de punta en blanco.

a) Cuando hay problemas entre los miembros de una familia o de un equipo de trabajo, es mejor resolverlos internamente.

b) Cuando alguien viste muy bien, con todas las prendas y los complementos perfectamente combinados.

c) No es suficiente ponerse un buen traje para ser en realidad una persona importante y respetada. La ropa no siempre dice lo que uno es.

d) Los recursos destinados a algún asunto se dedican a otro tema, de manera que se hace una cosa pero se deja otra sin hacer.

5 Encuentre la palabra intrusa en cada serie.

1. Tamaño	talla	pantalón	número
2. Collar	vestido	anillo	pendientes
3. Pendientes	pañuelos	bolsos	blusas
4. Traje	sandalias	falda	camisa
5. Precioso	horrible	bonito	elegante
6. De rayas	de cuadros	de nailon	de flores

UNIDAD 24

6 Lea los consejos sobre la ropa práctica y anote los adjetivos referidos a las cualidades.

¿Cómo ayuda la ropa a sentirse mejor?

Lo importante es elegir la ropa siguiendo la moda, pero sin estar obligados a ponernos algo que se lleva aunque no nos siente bien. Se puede adaptar el diseño, destacando lo que favorece a una persona más gordita o más delgada.

Se puede ser una mujer moderna y elegante con ropa que estilice la figura y que sea confortable.

Es muy importante la elección de los tejidos en cuanto a calidad, color y textura, para que se adapten al movimiento; es muy bueno intentar llevar ropa flexible y suave, ya que nos hará sentir más comodidad.

Todos tenemos algo bonito que mostrar. La ropa puede ayudar, por ejemplo con el color y con la forma, a destacarlo.

Y, por supuesto, no hay que olvidar los complementos y el calzado.

Conviene adaptarse a un estilo personal y según cada ocasión, porque cada persona tiene cualidades distintas y se ha de enfrentar a problemas diferentes a la hora de vestirse.

....

7 Ahora trate de unir estas cualidades con sus contrarios.

1.	moderno	a)	áspero
2.	confortable	b)	incómodo
3.	elegante	c)	estrecho
4.	personal	d)	anticuado
5.	flexible	e)	pesado
6.	suave	f)	desarreglado
7.	ajustado	g)	rígido
8.	ancho	h)	común
9.	ligero	i)	suelto

Unidad 24

8 Lea las siguientes oraciones y subraye la opción más adecuada al contexto.

1. El número que **llevo** / **calzo** es el 38.

2. A mi prima no le **sientan** / **usan** muy bien las minifaldas. Prefiere llevar faldas largas.

3. Alejandro es alérgico a los tejidos sintéticos; por eso, toda su ropa es de **nailon** / **algodón**.

4. –Esos pantalones negros te dan un aspecto demasiado serio, ¿no te parece?

   –Ya, pero **quedan** / **combinan** con todo lo que te pongas.

5. –Ayer estuve en la pasarela de Barcelona y asistí a un par de colecciones muy buenas. Y por lo que vi, creo que esta temporada se van a **llevar** / **usar** mucho las prendas de rayas.

   –No me digas, con lo poco que me gustan a mí las rayas. Prefiero mil veces la ropa **arrugada** / **lisa**. Me parece más **fea** / **elegante**. Además, ¿las rayas no son un poco **flexibles** / **anticuadas**?

6. Merche siempre lleva zapatos **planos** / **de tacón**. Desde luego, son más elegantes, pero a mí me parecen muy incómodos.

7. –A mí me parece que estos pantalones de **seda** / **lana** son estupendos para el invierno. Cómpratelos.

   –Ya, cariño, ¿pero no crees que me **quedan** / **sientan** un poco **lisos** / **estrechos**?

9 Resuelva el crucigrama con los nombres relacionados con ropa, calzado y complementos que se definen a continuación.

Horizontales

1. Joyería que no se hace con materiales preciosos, pero que generalmente los imita.
2. Tejido que tiene diferentes figuras impresas.
3. Medida en el calzado.
4. Calzado propio del verano.
5. Material sintético, resistente y elástico usado para prendas de vestir.

UNIDAD 24

Verticales

1. Medida de las prendas de vestir.
2. Tejido muy suave que se confecciona con un hilo fino y brillante hecho con una sustancia producida por algunos gusanos.
3. Adornos que se ponen en la oreja.
4. Tira de tela que se anuda al cuello de la camisa y se deja caer sobre el pecho. Suele ser de seda, muy suave.

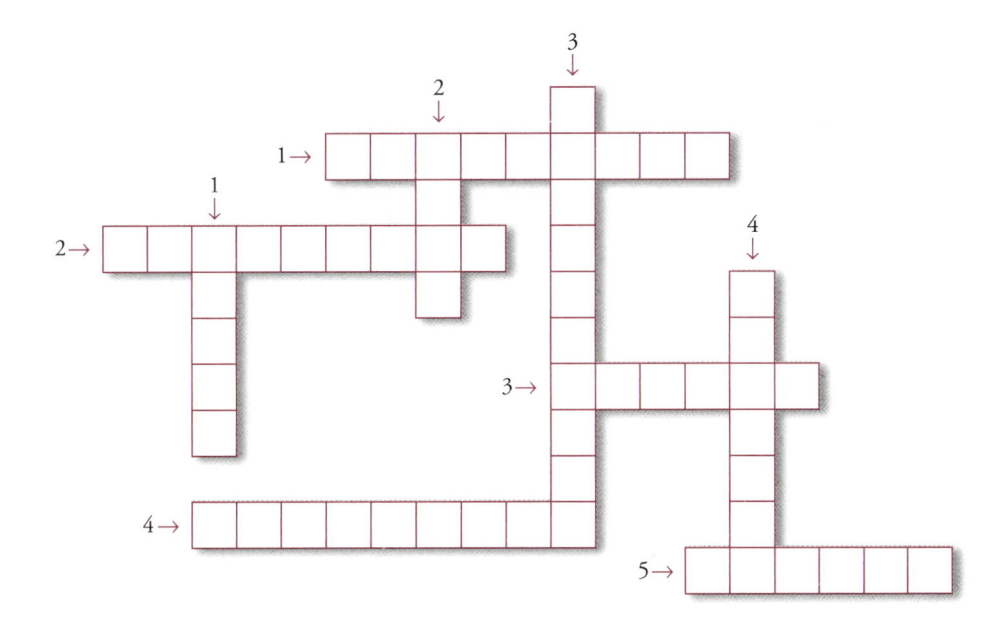

25 Esta casa tiene muy buenas vistas
VIVIENDA

¡FÍJESE!

— Me voy a **comprar** un **piso**. ¡Ya no soporto más a mi **casero**!

— ¿Tú crees que me la darán con mi sueldo?

— Entonces, tendrás que **pedir** al banco una **hipoteca**.

— Sinceramente, no. Así que ¿por qué no **alquilas** otro piso? No todos los caseros son iguales.

— Miren, este piso es más barato pero es **de segunda mano**.

— ¿Y es muy cara **la comunidad**? ¿Hay **portero** en el **edificio**?

— No nos importa que no sea nuevo. Lo importante es que sea **luminoso**.

FRASES ÚTILES

- Mi casero me ha subido el alquiler.
- ¿Por qué no te compras un piso? Porque la hipoteca sería muy cara.
- En el edificio donde vivo tengo piscina y zonas verdes; por eso pago mucho de comunidad.
- ¿Has pagado el recibo de la luz?
- Mi piso es de segunda mano, pero tiene muy buena ubicación y es muy soleado.

EJERCICIOS

PALABRAS EN CONTEXTO

1 Lea el siguiente texto acerca de la vivienda.

¿Comprar o alquilar?

En España la mayoría de las personas prefieren **comprar un piso** antes que **alquilarlo,** pero ambas opciones tienen ventajas e inconvenientes. Para que usted pueda decidir mejor, le comentamos las ventajas y los inconvenientes de la **compra** y el **alquiler.**

Alquilar una casa implica **firmar un contrato** con el **propietario,** generalmente por un año o más tiempo. El **casero,** es decir, el **dueño** o propietario de la vivienda, se debe encargar de las **reparaciones** de las **averías** de la casa. A veces, el pago de los gastos de la **comunidad** y la **calefacción** están incluidos en el precio del alquiler, lo que puede suponer una ventaja; sin embargo, las **facturas** o **recibos** del **gas,** de la **luz,** del **teléfono** y del **agua** corren por cuenta del **inquilino.** Normalmente se hace un **pago por adelantado,** equivalente a un mes o dos, como **fianza.** Al acabar el contrato, el propietario puede subirle el precio del alquiler.

Por otro lado, comprar una casa supone **pagar una hipoteca** mensual, ya que lo más habitual es haber pedido antes un crédito a un banco. Además, hay que decidir si se quiere una casa aislada, tipo chalé, o un piso, y si se quiere **nuevo** o **de segunda mano.** En el caso de elegir una vivienda aislada, hay que considerar que el **mantenimiento** es más caro. Si se decide por un piso o un apartamento, la **ubicación** es importante: los pisos nuevos suelen ser más espaciosos y tener **mejores vistas,** pero están más lejos del centro de la ciudad. Los de segunda mano normalmente son más pequeños pero más céntricos. En todos los casos habrá que **contratar** un **seguro de hogar** para cubrir riesgos y accidentes y porque se lo exige el banco para concederle la hipoteca. Pero comprará usted una **propiedad** que subirá de valor con los años.

Haga lo que haga, tendrá que ver muchas casas, **bloques de pisos, edificios de apartamentos** antes de elegir. ¡Ah! Y tendrá que tener en cuenta los gastos de la **mudanza.** Dicen que trasladarse de una casa a otra es peor que dos incendios por la cantidad de cosas que se pierden.

Unidad 25

2. Marque ahora verdadero (V) o falso (F).

	V	F
a) El inquilino siempre paga la comunidad.	☐	☐
b) El precio del alquiler de un piso es siempre el mismo.	☐	☐
c) Quien compra una casa suele pedir dinero prestado a un banco.	☐	☐
d) Mantener un piso es más caro que mantener un chalé.	☐	☐
e) Los pisos nuevos suelen ser más céntricos.	☐	☐

3. Escriba las ventajas y los inconvenientes de comprar o alquilar una casa.

	VENTAJAS	INCONVENIENTES
COMPRA		
ALQUILER		

4. Relacione los términos o expresiones con sus definiciones.

1. Hipoteca
2. Propietario
3. Casero
4. Mudanza
5. Piso de segunda mano

a) Vivienda que ya ha sido habitada.
b) Adelanto de dinero de una entidad bancaria que permite comprar una vivienda.
c) Propietario de una vivienda que se alquila.
d) El que posee una vivienda.
e) Traslado de una vivienda a otra.

UNIDAD 25

5 **Complete el diálogo con las siguientes palabras.**

> propiedad / piso / seguro del hogar / alquiler / hipoteca / fianza / propietaria / casero
> facturas / contrato / vivienda / avería

RAÚL: ¡Hola, Pepa! ¿Dónde vas tan contenta?

PEPA: Hola, Raúl. ¡Es que voy al banco a firmar la .... de mi casa! Me he comprado un ....

RAÚL: ¿Y por eso estás contenta?

PEPA: Pues sí, mucho.

RAÚL: Pero ahora tendrás un montón de gastos. Las .... de la calefacción, la comunidad…

PEPA: Ya, y también el ....

RAÚL: ¿Eso también? ¿Y para qué sirve?

PEPA: Por si tienes una .... en casa.

RAÚL: Pues ¿sabes qué? Yo prefiero vivir de .... Pagas una ...., firmas un .... y te olvidas. Y el .... se encarga de las reparaciones e incluso muchas veces él paga los gastos de comunidad.

PEPA: Ya, pero yo seré .... de mi .... ¡Será de mi ....!

RAÚL: Bueno, yo diría que por mucho tiempo será más bien del banco, ja, ja.

6 **Sustituya los términos en negrita por otros equivalentes.**

1. Mi prima Gabriela vive en un piso bastante pequeño pero es muy **soleado** = ...

2. Esta mañana he visto el **recibo** = ... del teléfono y casi me desmayo.

3. El **dueño** = ... de mi casa me ha vuelto a subir el alquiler.

4. Liliana vive en un bloque de pisos, con piscina y jardín, y con portero; así que tiene muchos gastos de **mantenimiento** = ...

5. El mes que viene vendré a vivir a este **bloque** = ... de viviendas.

6. Me cambio de piso, así que les he pedido a unos amigos que me ayuden en el **traslado** = ...

-145-

UNIDAD 25

7 Revise y corrija las palabras que el impresor ha escrito mal en el siguiente anuncio.

EMPRESA MULTISERVICIO...

¡Visítenos! Tenemos lo que usted necesita.

SI QUIERE SER PORPEITRAIO ....

- Construimos VIVEINAD NEUVA ....
  - bolques de posis con potrero ....
  - eficidios de apratmaenots ....
- Tenemos viveinads de sungeda namo amplias y limunasos.
  ....
- Pague una hopetica .... por el precio de un alquelir ....

SI ES USTED DEÑUO .... DE UN PISO Y DESEA ALQUILARLO, CONFÍE EN NOSOTROS

- Buscamos al niquiloni .... ideal.
- Gestionamos la frima del cantroto ....
- Cobramos por usted el ricobe del laquilre ....

SI QUIERE VIVIR EN UN POSI ALQUILODA ....

- Buscamos la saca .... apropiada para usted.
- Tramitamos todos los servicios: zul, cuminodad, ags, tolféone y auga.
  ....

SI YA HA COMPRADO O ALQUILADO SU VIVIENDA Y NECESITA SERVICIOS DE MADUNZAS ....

- Le ayudamos con su troslada ....
- Contamos con comianes de madunza propios ....

UNIDAD 25

8 Complete estas frases.

1. Edificio / Bloque de ....
2. Piso de ....
3. Pago por ....
4. Vivienda con malas ....

9 Busque en esta sopa de letras ocho términos relacionados con la vivienda.

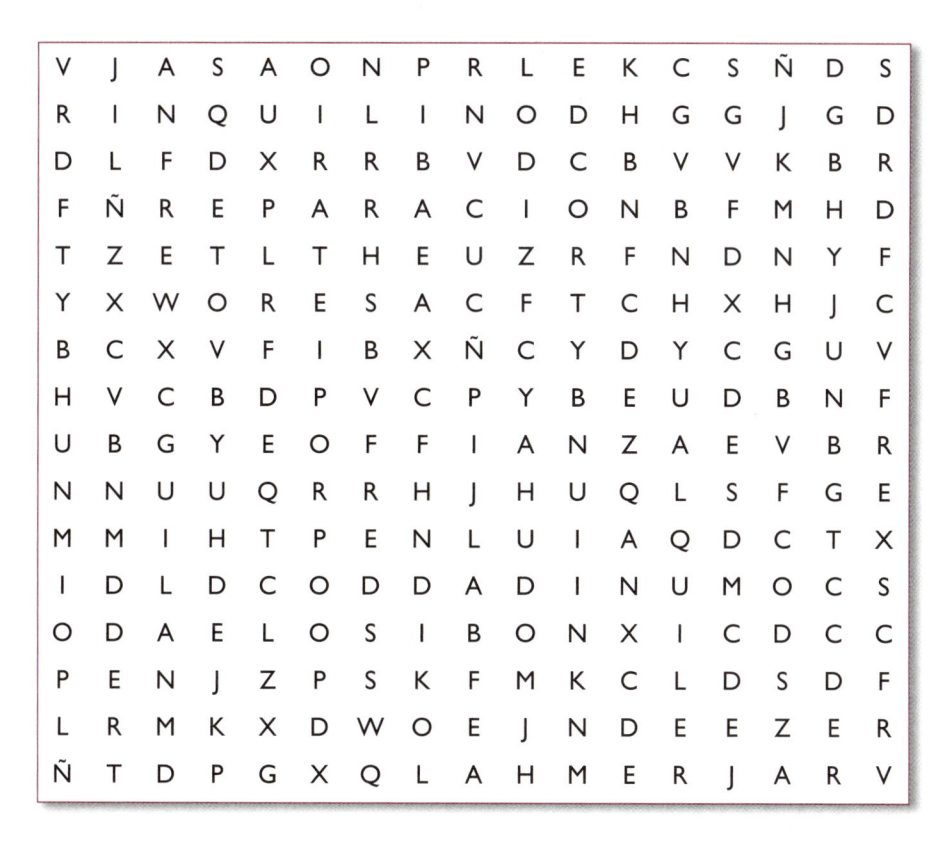

V	J	A	S	A	O	N	P	R	L	E	K	C	S	Ñ	D	S
R	I	N	Q	U	I	L	I	N	O	D	H	G	G	J	G	D
D	L	F	D	X	R	R	B	V	D	C	B	V	V	K	B	R
F	Ñ	R	E	P	A	R	A	C	I	O	N	B	F	M	H	D
T	Z	E	T	L	T	H	E	U	Z	R	F	N	D	N	Y	F
Y	X	W	O	R	E	S	A	C	F	T	C	H	X	H	J	C
B	C	X	V	F	I	B	X	Ñ	C	Y	D	Y	C	G	U	V
H	V	C	B	D	P	V	C	P	Y	B	E	U	D	B	N	F
U	B	G	Y	E	O	F	F	I	A	N	Z	A	E	V	B	R
N	N	U	U	Q	R	R	H	J	H	U	Q	L	S	F	G	E
M	M	I	H	T	P	E	N	L	U	I	A	Q	D	C	T	X
I	D	L	D	C	O	D	D	A	D	I	N	U	M	O	C	S
O	D	A	E	L	O	S	I	B	O	N	X	I	C	D	C	C
P	E	N	J	Z	P	S	K	F	M	K	C	L	D	S	D	F
L	R	M	K	X	D	W	O	E	J	N	D	E	E	Z	E	R
Ñ	T	D	P	G	X	Q	L	A	H	M	E	R	J	A	R	V

26 Luchemos contra la pobreza en el mundo
ECONOMÍA

¡FÍJESE!

¿Me das una **moneda** para la máquina? No tengo nada **suelto**.

Lo siento, solo tengo un **billete** de 10 euros.

Espera, que voy a esa tienda de al lado a por **cambio**.

Estoy harta. Este banco cada vez me **cobra** más **comisiones** por todo.

Es cierto. Además, te **han subido** el **interés** del **préstamo** sin avisar.

¿Sabes qué te digo? Que hoy mismo me cambio de banco.

FRASES ÚTILES

Los ciudadanos pagamos impuestos para poder tener buenos servicios públicos.

Nunca llevo mucho dinero en efectivo por si lo pierdo o me roban.

Por favor, ¿me cambia un billete de 10 euros?

Los economistas analizan las causas de la subida o bajada de intereses.

Necesito pedir un préstamo al banco para cambiarme de coche.

Hay que promover el progreso en los países en vías de desarrollo.

Unidad 26

Ejercicios

Palabras en contexto

1 Lea la siguiente conversación entre el subdirector de una oficina bancaria y un cliente.

Subdirector: Buenos días, ¿en qué puedo ayudarle?

Cliente: Tengo una **cuenta ahorro-vivienda** y estoy pensando en **pedir** una **hipoteca** para comprarme un piso.

Subdirector: ¿Qué edad tiene?

Cliente: 27 años.

Subdirector: Pues sepa que nuestro banco tiene la hipoteca ideal para los jóvenes menores de 30 años porque le damos hasta 50 años de **plazo** para pagarla.

Cliente: Entonces acabaré de pagar mi piso cuando tenga 87 años; ¿y si me muero antes?

Subdirector: No se preocupe, que le haremos un **seguro de vida;** de todas formas, si usted lo desea, puede elegir un plazo de menos años.

Cliente: Pero entonces pagaré una **cuota** de dinero más alta cada mes.

Subdirector: Sí, claro, pero usted ya va a dar una **entrada** con el dinero ahorrado en su cuenta vivienda; así que el **préstamo** será más pequeño.

Cliente: ¿Qué **tipo de interés** pueden ofrecerme?

Subdirector: Con esta hipoteca joven le ofrecemos un interés **fijo** del 6% o un interés **variable** del Euribor + 0,45.

Cliente: No entiendo.

Subdirector: Mire, el Euribor es un tipo de interés que marca el Banco Central Europeo y cada mes puede cambiar. Y el 0,45 es el interés que le **cobramos** nosotros por el dinero que le prestamos.

Cliente: ¿Y qué me recomienda? ¿Un interés fijo o variable?

Subdirector: Ahora mismo el variable, pero ningún **economista** puede predecir cómo va a ir la economía y decirle si los intereses van a **subir** o **bajar.** Es un riesgo que debe asumir el cliente.

Cliente: ¿Y tengo que pagar algún tipo de **comisión?**

Unidad 26

Subdirector: En su caso, no; nuestro banco quiere ayudar a los jóvenes con poco **capital** y **ha cancelado** todas las comisiones por pedir un préstamo. ¿Qué le parece? Además le daremos una **tarjeta** completamente gratuita, es decir, no tendrá que pagar una comisión anual por ella, y podrá **sacar** dinero **en efectivo** en toda nuestra red de **cajeros automáticos.**

Cliente: No sé, voy a consultar con otros bancos a ver qué condiciones me ofrecen. Muchas gracias por su tiempo. Ha sido usted muy amable.

Subdirector: Muchas gracias a usted. Espero de verdad volver a verle.

2 Indique si estas afirmaciones son verdaderas (V) o falsas (F).

	V	F
a) Si no tienes suficiente dinero en metálico para comprar una vivienda, tienes que pedir una hipoteca.	☐	☐
b) Es mejor pedir una hipoteca a muchos años porque así pagas menos intereses.	☐	☐
c) El interés fijo suele ser más alto que el variable.	☐	☐
d) Capital es sinónimo de dinero.	☐	☐
e) Todos los bancos ofrecen las mismas condiciones en los préstamos hipotecarios.	☐	☐

3 Una cada palabra con su definición correspondiente.

1. Préstamo
2. Dinero en efectivo / metálico
3. Tarjeta de crédito
4. Cheque
5. Hipoteca
6. Comisión
7. Interés
8. Plazo
9. Entrada
10. Impuestos

a) Documento que se cambia en un banco por dinero.
b) Dinero que recauda el Estado.
c) Cantidad que se paga por el dinero recibido en un préstamo.
d) Cantidad de dinero que se adelanta o se entrega al realizar una compra.
e) Cantidad que cobra un banco por realizar una operación.
f) Dinero en moneda o en billete.
g) Dinero que se pide a un banco y que se devuelve con un interés.
h) Préstamo para comprar una vivienda.
i) Periodo de tiempo para devolver un dinero.
j) Documento que permite pagar sin llevar dinero.

UNIDAD 26

4 En cada una de estas series hay un término que no va con el verbo. Márquelo.

1 Pedir: un préstamo, una hipoteca, un impuesto, una tarjeta de crédito.

2 Subir / bajar: el tipo de interés, los impuestos, las cuotas, un cheque.

3 Pagar: en metálico, con un cheque, por cajero, con tarjeta, a plazos.

4 Cancelar: un préstamo, una comisión, una hipoteca, una tarjeta, un interés.

5 Complete el siguiente texto con la palabra correspondiente en su forma adecuada.

[pobreza / rico / recursos naturales / riqueza
en vías de desarrollo / pobre / economista / dinero]

¿Por qué unos países son ricos y otros son pobres?

La economía es una ciencia compleja y, desde luego, no exacta; pero lo cierto es que los (1) .... parecen estar de acuerdo en que son diversas las causas que explican por qué unos países son (2) .... y cuentan con una buena renta per cápita, otros son (3) .... y viven en la miseria, y sólo algunos países (4) .... logran finalmente prosperar.

En general, las causas de la (5) .... y de una buena economía están relacionadas con la cultura, la educación, la historia, la geografía y los (6) .... de la región, sin olvidar la influencia, para bien o para mal, del régimen político del país. Algunos estudiosos consideran que para sacar a un país de la (7) .... se necesita que los países desarrollados le concedan buenos fondos de (8) .... y le ofrezcan los conocimientos y los mecanismos necesarios para poder desarrollar con éxito su propia economía.

Unidad 26

6 Lea el siguiente recibo bancario y después responda a las preguntas.

EUROBANCO

LIQUIDACION OPERACION DE ACTIVO
RECIBO

OFICINA: MADRID, PRINCIPE DE VERGARA, 1
TITULAR(ES): CARLOS RODRÍGUEZ LÓPEZ
FECHA: 12-07-2008
REFERENCIA PRESTAMO
0123 6780 50 8460854852

CLASE DE OPERACION
HIPOTECA TIPO VARIABLE CUOTA VARIABLE EN EURO

CAPITAL CONCEDIDO	CAPITAL PENDIENTE DESPUES DEL PAGO
200.000	107.881,79

CONDICIONES DE LA OPERACION
TIPO DE INTERES NOMINAL	T.A.E.
04,750000 % (*)	04,855000 %

PERIODO LIQUIDADO
DEL 12-06-2008 AL 12-07-2008

DETALLE DE LA LIQUIDACION
INTERESES	428,18
AMORTIZACION CAPITAL	291,06
GASTOS CORREO	0,31

TOTAL CUOTA EURO	719,55

VALOR 12-07-08

1. ¿Quién es el titular del préstamo?
   ....

2. ¿Es un préstamo hipotecario o personal?
   ....

3. ¿En qué moneda se realiza este préstamo?
   ....

4. ¿Qué capital concedió el banco a Paloma?
   ....

5. ¿Qué capital le queda por pagar?
   ....

6. ¿El préstamo es a interés fijo o variable?
   ....

7. ¿Cuál es la cuota de la hipoteca?
   ....

8. ¿La cuota es mensual o bimestral?
   ....

9. ¿Qué cantidad de intereses se paga en la cuota?
   ....

10. ¿Se pagan más intereses que capital amortizado?
    ....

Unidad 26

7 **Complete estas oraciones con términos y expresiones estudiados en esta unidad.**

1. Los .... te permiten sacar dinero .... las 24 horas del día.

2. Generalmente, si sacas dinero con tu tarjeta en el extranjero, el banco te .... una ....

3. En este establecimiento puedes pagar con tarjeta o en ....

4. Lo normal es que los taxistas no lleven .... de .... de 50 euros.

5. Cuando fui a pagar a través de las máquinas del estacionamiento, me di cuenta de que no tenía ...., ni una sola moneda.

6. Debido a la crisis actual, los gobiernos de la zona decidieron ayer subir los .... para tener más fondos públicos.

7. Si pagas el 10% del precio del piso al comprarlo, estás dando una ....

8. En el banco me han dado un .... de 50 años para pagar la hipoteca. Así que se la dejaré en herencia a mis hijos para que no se olviden de su padre.

9. La economía del país va de mal en peor y la .... crece cada vez más en las clases más bajas.

10. Para concederme la hipoteca, el banco me obligó a contratar un ....

-153-

27 ¿Qué especialista te atendió?
EN EL HOSPITAL

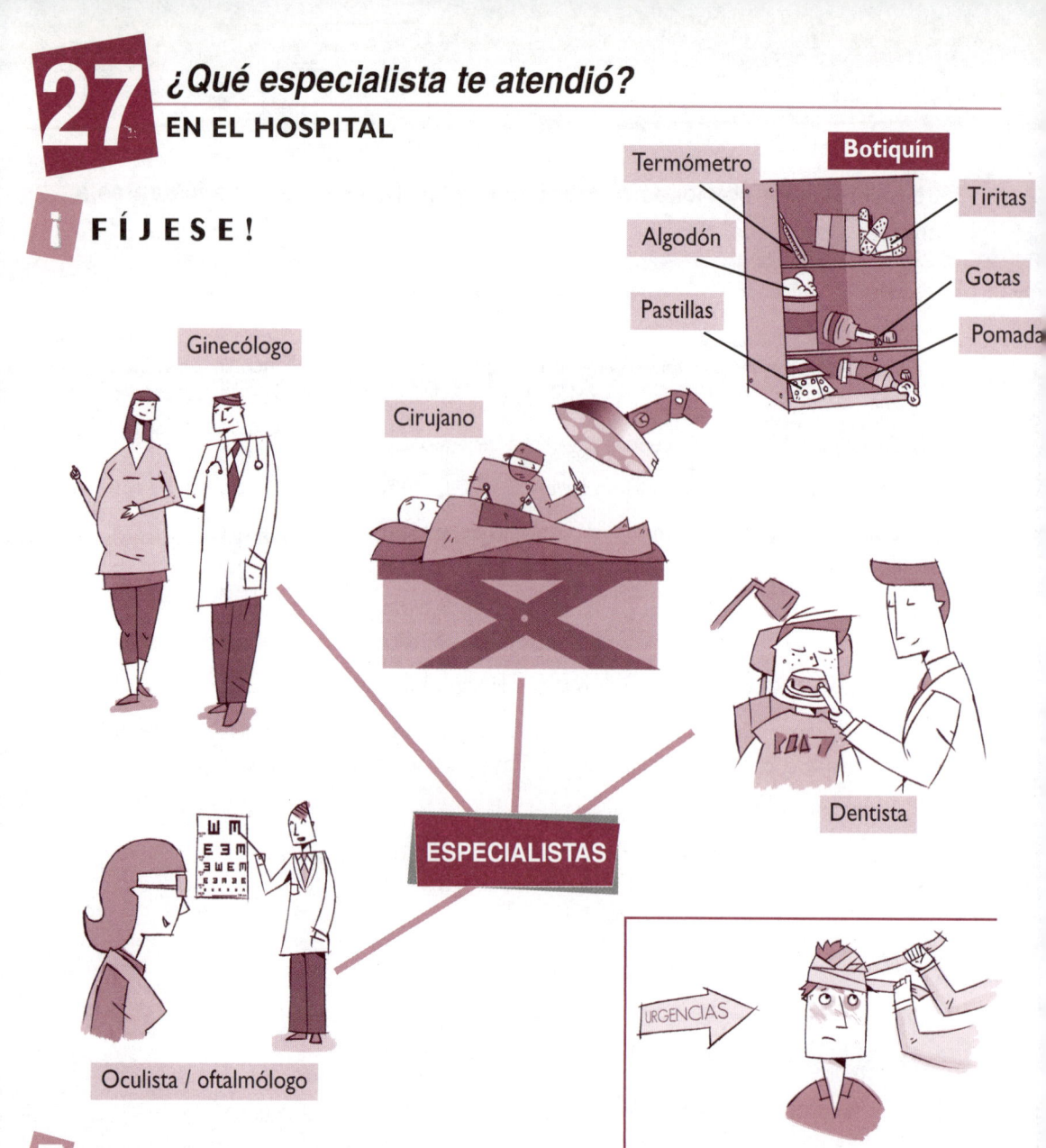

¡FÍJESE!

Botiquín
- Termómetro
- Tiritas
- Algodón
- Gotas
- Pastillas
- Pomada

ESPECIALISTAS
- Ginecólogo
- Cirujano
- Dentista
- Oculista / oftalmólogo

URGENCIAS

FRASES ÚTILES

Juan tuvo un accidente grave. Está ingresado en el hospital.

Se rompió varios huesos. Tuvo que atenderle el traumatólogo.

Voy a una farmacia de guardia. Necesito urgentemente los medicamentos que me recetó el médico.

—Me he cortado un dedo y me sangra abundantemente la herida.

—Ponte una tirita.

Juana está embarazada. El ginecólogo le ha pedido que se haga un análisis de sangre y otro de orina.

Ejercicios

Palabras en contexto

1 Lea el siguiente diálogo entre un cirujano y un paciente ingresado en el hospital.

> CIRUJANO: ¿Cómo se encuentra hoy, Pedro? Voy a hacerle una **revisión**.
>
> PACIENTE: No muy bien, doctor. Todavía **me siento débil** y **mareado**. No he comido casi nada, no tengo mucho apetito. Y todavía me duele la **herida**.
>
> CIRUJANO: Le mandaré un **calmante** para la herida. La **recuperación** es lenta, pero usted va bien; reacciona estupendamente al tratamiento. Tiene la **tensión** muy bien, normal, y no tiene **fiebre**. La **operación** ha sido un éxito.
>
> PACIENTE: Esta noche he dormido tranquilo. ¿Tengo que seguir tomando las **pastillas** para dormir?
>
> CIRUJANO: No es necesario, poco a poco se las iremos quitando. Esta noche le daremos unas **gotas** que le ayudarán a **sentirse mejor**. Seguirá con los **antibióticos**: uno cada ocho horas. La enfermera se los facilitará.
>
> PACIENTE: ¿Cuándo va a **darme el alta,** doctor? Me gustaría estar en casa el próximo fin de semana para el cumpleaños de mi hija.
>
> CIRUJANO: Mañana le haremos **análisis de sangre** y de **orina.** Si todo está bien, podrá irse tranquilo esta misma semana.
>
> PACIENTE: Gracias, doctor. Voy a hacer al pie de la letra todo lo que usted me dice. Se lo prometo. Quiero estar bien pronto.

2 Indique si estas afirmaciones son verdaderas (V) o falsas (F).

	V	F
a) El enfermo ya está totalmente recuperado.	☐	☐
b) El cirujano está preocupado por el resultado de la operación.	☐	☐
c) Los calmantes son pastillas para quitar el dolor.	☐	☐
d) El paciente ya no necesita tomar las pastillas para poder dormir.	☐	☐
e) Para mayor seguridad, el paciente seguirá tomando antibióticos.	☐	☐
f) El cirujano necesita ver el resultado de los análisis para poder darle el alta al paciente.	☐	☐
g) El paciente seguirá ingresado un par de semanas más.	☐	☐

Unidad 27

3 Una cada expresión de la columna izquierda con su contraria.

1. sentirse débil	a) médico
2. dar el alta	b) recaída
3. tomar la medicina	c) tener la tensión alta / baja
4. tener bien la tensión	d) sentirse fuerte
5. recuperación	e) estar de baja
6. paciente	f) dejar las pastillas

4 El nombre de las especialidades médicas se corresponde con el nombre del médico especialista. Complete con los nombres que faltan.

Especialidades	Especialistas
1. Ginecología	Ginecólogo / a
2. Traumatología	....
3. Oftalmología	....
4.	Cardiólogo / a
5.	Dermatólogo / a
6. Neurología	....

5 Indique los especialistas correspondientes a estas situaciones.

1. Clara está embarazada y siente náuseas: ....
2. Pepe se ha caído y se ha roto un brazo: ....
3. Mi abuelo tiene la tensión alta y problemas de corazón: ....
4. A Julia le han salido unas manchas rojas en la piel: ....
5. Mi jefa tiene problemas en los ojos y no ve bien: ....
6. Juan, después del golpe, tiene dificultades para hablar y recordar: ....
7. Desde ayer me duele una muela, es un dolor insoportable: ....
8. Mañana operan a Ana de apendicitis: ....

UNIDAD 27

6 **Lea este diálogo que tiene lugar en una farmacia.**

CLIENTE: Buenos días, necesito estas pastillas, son para la fiebre. Me he puesto una vacuna y me ha hecho reacción.

FARMACÉUTICA: A ver, déjeme la receta. ¿Tiene mucha fiebre?

CLIENTE: Depende de la hora del día. Ahora tengo 38.

FARMACÉUTICA: Póngase el termómetro varias veces al día para controlar la fiebre. Aquí tiene las pastillas… y la pomada que le recetó el médico. Póngasela cada 4 horas sobre la herida, cicatrizará mejor. ¿Alguna cosa más?

■ Ahora, relacione estos medicamentos y utensilios médicos con sus correspondientes verbos y forme oraciones con cada uno.

Ponerse   Echarse   Tomarse

Tirita: ....

Pomada: ....

Termómetro: ....

Vacuna: ....

Gotas: ....

Pastillas: ....

7 Relacione los siguientes medicamentos y utensilios médicos con los problemas de salud para los que pueden ser útiles.

> tirita / alcohol / algodón / antibiótico / aspirina / gotas / vacuna
> pastillas / agua oxigenada / pomada / termómetro

- Para curar una herida: ....
- Para controlar y bajar la fiebre: ....
- Para prevenir una enfermedad: ....
- Para curar una infección: ....

Unidad 27

8 **Relacione las definiciones con las palabras correspondientes.**

1. Papel con la prescripción de los medicamentos indicados por el médico.
2. Crema que se unta sobre la piel con masaje suave.
3. Líquido que se administra en cantidades mínimas con un gotero.
4. Pequeñas dosis en forma de caramelos pequeños, generalmente blancos y redondos, que se tragan con agua.
5. Cinta autoadhesiva para proteger una pequeña herida.
6. Líquido desinfectante que produce ardor en la herida.
7. Líquido que se bebe o se inyecta, en pequeñas dosis, para prevenir las enfermedades.
8. Fibra blanca, muy suave, absorbente, que se usa para aplicar los líquidos sobre la piel.

a) alcohol
b) algodón
c) receta
d) pomada
e) pastillas
f) vacuna
g) tirita
h) gotas

9 **Complete las siguientes oraciones con estas palabras.**

muelas / embarazada / depresión / huesos / vista / análisis / opera / latir

1. Me dolían tanto los .... que decidí pedir hora para la traumatóloga.
2. Últimamente no veo bien de cerca. Hoy voy al oculista a graduarme la ....
3. Clara está .... de seis meses. Hoy le toca la revisión con el ginecólogo.
4. Luis tiene unas palpitaciones muy fuertes cuando se esfuerza haciendo ejercicio. Se nota .... muy deprisa el corazón.
5. Al menor síntoma de dolor de .... deberíamos acudir al dentista.
6. Tengo cita para mañana. A las diez me .... el cirujano de una hernia.
7. Ingresaron a Fede por una fuerte .... La neuróloga hablará con sus padres para tranquilizarlos.
8. La médica me ha mandado hacerme un .... de orina.

10 **Indique en qué situaciones se pueden decir los siguientes refranes relacionados con la salud.**

Refranes

1. Más vale prevenir que curar.
2. La comida reposada y la cena paseada.
3. Mente sana en cuerpo sano.
4. Mano lavada, salud bien guardada.
5. La salud no es conocida hasta que no es perdida.
6. Entre salud y dinero, salud primero.
7. Come poco y cena temprano, si quieres llegar a anciano.

Situaciones

a) Con buena salud, se puede conseguir todo lo demás. Sin embargo, si se tienen muchas cosas y falta la salud, no se disfruta de nada.

b) No conviene comer mucho ni cenar tarde por las noches porque no hay tiempo de quemar las calorías.

c) Conviene descansar un rato después de comer, pero no acostarse inmediatamente después de cenar para dormir mejor.

d) Es mejor cuidarse cada día para no caer enfermo.

e) La armonía mental es tan importante como la salud corporal.

f) La higiene diaria es síntoma de buena salud.

g) Cuando estamos sanos no valoramos la salud, solo cuando estamos enfermos nos acordamos de ella.

28 ¿Dónde hay un buzón de Correos?
SERVICIO POSTAL

¡FÍJESE!

¿Quiere enviar la **carta certificada** o por **correo ordinario**?

¿Quiere también **acuse de recibo**? Así se le informará de que ya ha llegado la carta a su **destinatario**.

Mejor certificada; es mucho más seguro.

¡Estupendo! Mi madre se va a volver loca cuando vea mi invitación de boda.

Buzón

FRASES ÚTILES

¡Qué cabeza la mía! Eché la carta en el buzón de la esquina pero se me olvidó pegarle el sello.

Mi hermano me mandó dinero a través de un giro postal.

El cartero reparte las cartas sobre las 12 del mediodía.

Ve al estanco y compra sobres y sellos para las invitaciones de boda.

Mario trabaja como cartero comercial metiendo propaganda en los buzones de las casas.

–¿Vas a participar en el concurso?

–Sí, hoy mismo mando la etiqueta del bote de café a este apartado de Correos. A ver si me toca el premio y me voy a México.

EJERCICIOS

PALABRAS EN CONTEXTO

1 Lea el siguiente diálogo entre Inés y un empleado de Correos.

EMPLEADO: Buenas tardes, ¿en qué puedo ayudarle?

INÉS: Verá, necesito **enviar** un **paquete** y me gustaría saber cuánto me va a costar.

EMPLEADO: ¿Ha puesto usted ya el **destinatario,** la persona a quien va dirigido el paquete?

INÉS: Sí.

EMPLEADO: ¿Y el **remitente?**

INÉS: ¿El remitente?

EMPLEADO: Sí, los datos de quien lo **manda…**

INÉS: ¡Ah! Pues no.

EMPLEADO: Indíquelo, por favor. Otra cosa: ¿Quiere mandarlo como **carta** o como paquete?

INÉS: No sabía que pudiera enviarse como carta…

EMPLEADO: Si no es muy grande puede enviarlo como carta, que es más barato.

INÉS (*mostrando un paquete con forma de un cuadro*): Es esto. Es un cuadro.

EMPLEADO: Vamos a medirlo… Es pequeño y casi no pesa; así que puede enviarlo como carta. ¿Quiere mandarlo por **correo certificado** o por **correo ordinario?**

INÉS: Quizás sería mejor certificado, ¿no?

EMPLEADO: Claro; ¿también lo quiere mandar **con acuse de recibo?**

INÉS: Sí, con acuse de recibo y **urgente.** ¿Llegará bien?

EMPLEADO: El **servicio postal** no lo garantiza. Depende del **cartero,** del transporte…

INÉS: Pero puede poner que es frágil.

EMPLEADO: Sí, pero en el **reparto del correo** puede dañarse. No sé, quizá sea mejor que lo mande por **mensajero;** es más seguro y más fácil de que así llegue el paquete en mejores condiciones.

INÉS: ¿Y usted sabe cuánto son los **gastos de envío?**

EMPLEADO: No, señora. Vaya a la **empresa de mensajería** que hay aquí al lado y se lo dirán.

INÉS: Muchísimas gracias. Ha sido usted muy amable. Adiós.

Unidad 28

2 **Responda ahora a las siguientes preguntas.**

a) ¿Qué datos son necesarios para enviar una carta? ....

b) ¿Se puede enviar un paquete como carta? ....

c) ¿Qué modalidades ofrece el empleado de Correos para el envío de una carta?
....

d) A veces es más recomendable mandar un paquete por mensajero. ¿Por qué?
....

3 **Relacione cada definición con su término o expresión correspondiente.**

1. Servicio de pago de una cantidad de dinero remitida por medio del servicio postal.

2. Persona que se dedica a introducir propaganda en los buzones de las casas.

3. Servicio de correos por el que se alquila al usuario una caja con un número, en la que se deposita su correspondencia.

4. Envío en el que se paga el producto al realizarse la entrega.

5. Objeto envuelto con dirección de destino enviado por el servicio de Correos.

a. Cartero comercial.

b. Apartado de Correos.

c. Giro postal.

d. Paquete postal.

e. Envío contra reembolso.

4 **Complete estas oraciones con el verbo adecuado.**

1. En mi barrio, el cartero suele .... el correo por la tarde.

2. Antonio, ya que sales de casa, ¿te importaría .... esta carta al buzón que está en la plaza?

3. Cierra el sobre y .... el sello.

UNIDAD 28

5 Rellene este impreso para mandar un paquete postal por correo certificado.

Correos y Telégrafos

M-11

Envío CERTIFICADO Núm. ....
REMITENTE ....
    Calle .... nº .... piso ....
    en ....
DESTINATARIO ....
    Calle .... nº .... piso ....
    en ....

Sello de fechas

CLASE	MODALIDAD
Carta .... ☐	Contra reembolso ... ☐
Periódico .... ☐	Euros ....
Impreso .... ☐	Con aviso de recibo ... ☐
Paquete de películas .. ☐	Urgente .... ☐
Paquete Postal .... ☐	

UNE A.6 - mepsa - 1997

6 Usted es cartero y va a un domicilio a entregar un paquete con acuse de recibo. Le entrega este impreso al destinatario para que lo rellene y lo firme. Pero el destinatario no quiere el paquete. Indíquelo en el impreso donde sea conveniente.

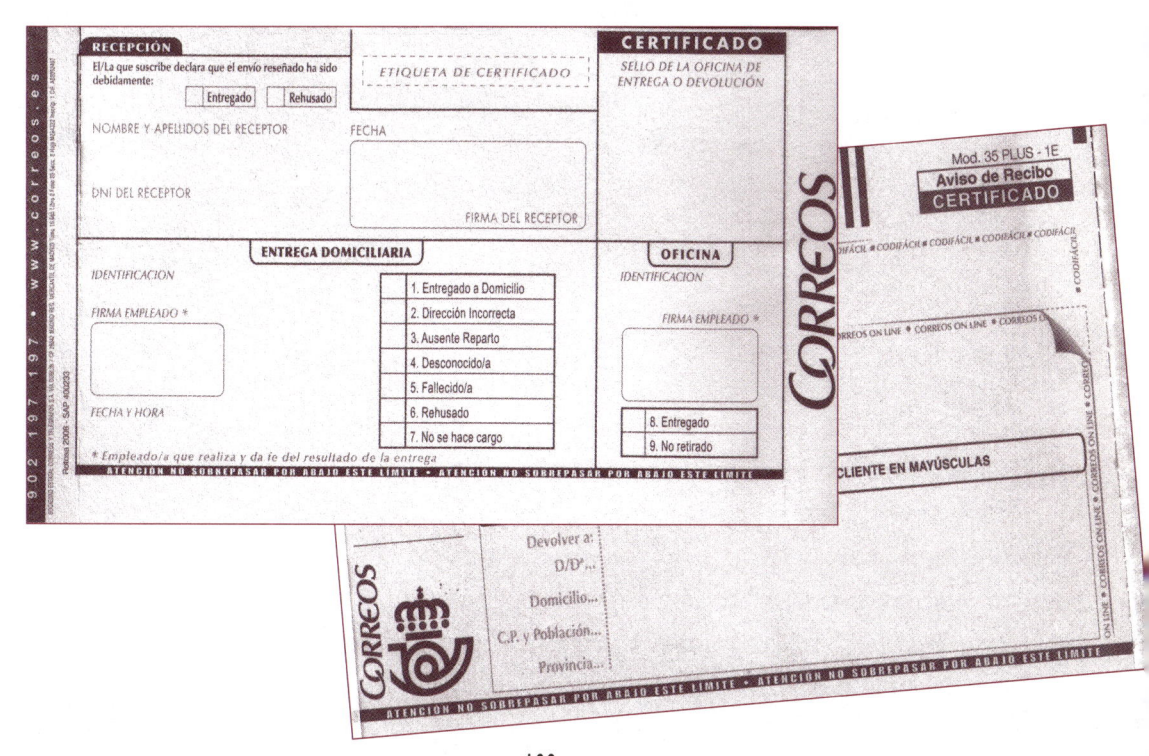

RECEPCIÓN — **CERTIFICADO**

El/La que suscribe declara que el envío reseñado ha sido debidamente:
☐ Entregado ☐ Rehusado

ETIQUETA DE CERTIFICADO

SELLO DE LA OFICINA DE ENTREGA O DEVOLUCIÓN

NOMBRE Y APELLIDOS DEL RECEPTOR   FECHA

DNI DEL RECEPTOR

FIRMA DEL RECEPTOR

ENTREGA DOMICILIARIA — **OFICINA**

IDENTIFICACIÓN
FIRMA EMPLEADO *

| 1. Entregado a Domicilio |
| 2. Dirección Incorrecta |
| 3. Ausente Reparto |
| 4. Desconocido/a |
| 5. Fallecido/a |
| 6. Rehusado |
| 7. No se hace cargo |

IDENTIFICACIÓN
FIRMA EMPLEADO *

| 8. Entregado |
| 9. No retirado |

FECHA Y HORA

* Empleado/a que realiza y da fe del resultado de la entrega

Mod. 35 PLUS - 1E
Aviso de Recibo
CERTIFICADO

CLIENTE EN MAYÚSCULAS

Devolver a:
D/Dª ...
Domicilio ...
C.P. y Población ...
Provincia ...

—163—

29 — De repente se me olvidó la contraseña
INTERNET

¡FÍJESE!

¿Cómo puedo **colgar** en Internet una foto mía de cuando tenía 20 años?

¡Qué mala suerte! Se me ha cerrado el **programa** antes de poder **guardar** el **archivo** con mi informe.

A ver si consigo **descargarme** esta canción.

Pantalla / monitor

Ratón

Teclado

FRASES ÚTILES

Necesitas tu nombre de usuario y tu contraseña para acceder a esta página web.

¿Tienes conexión a Internet?

Me voy a abrir una cuenta de correo.

Voy a descargarme un programa para ver este archivo.

Pilar y Juan colgarán las fotografías de la boda en su blog.

¿Por qué no te gustan los ratones inalámbricos?

No sé cómo instalar este programa en mi ordenador.

UNIDAD 29

EJERCICIOS

PALABRAS EN CONTEXTO

1 Lea el siguiente texto.

Internet es un conjunto de **redes** de comunicación interconectadas que permite el acceso a muchos servicios, como la **consulta** y el intercambio de **archivos,** el **envío** de **mensajes** por **correo electrónico,** los **chats** o conversaciones **en línea.**

Muchas personas utilizan Internet para **descargar** o **bajar** música, juegos o películas, para **bajarse** archivos o **programas (antivirus, bases de datos,** etc.) así como para **colgar fotografías** o **documentos** de forma totalmente gratuita. Estos servicios han progresado mucho gracias a las nuevas tecnologías de transmisión de alta velocidad, como es el caso del acceso a Internet de **banda ancha** mediante la línea **ADSL.** Con la tecnología ADSL se puede hablar por teléfono a la vez que se **está conectado** a Internet.

Para **navegar** en la red es necesario utilizar un **navegador** o **buscador,** programa que, una vez **instalado** en el ordenador o la computadora, permite acceder a documentos alojados en **servidores** de la red.

El correo electrónico es un magnífico servicio de Internet que nos permite **enviar** y **recibir** mensajes y **adjuntar** documentos o **imágenes** en los mismos. Para **abrir** una **cuenta** de correo deberemos rellenar un formulario de registro con nuestros datos personales, una **dirección** de correo electrónico y una **contraseña.** Con esta cuenta podremos intercambiar información, documentos, datos e imágenes con cualquier persona en el mundo que tenga correo electrónico.

2 Subraye ahora la opción incorrecta en cada serie.

a) Enviar: un correo / un documento / un ratón.

b) Intercambiar: información / nombre de usuario / datos.

c) Consultar / acceder a / descargarse una página web.

d) Bajarse una: línea ADSL / película / música.

e) Adjuntar / conectarse / reenviar un documento.

-165-

Unidad 29

3 Elija el verbo más apropiado a cada oración en su tiempo correspondiente.

| ENTRAR | COLGAR | ABRIR | CONECTARSE | DESCARGARSE | REENVIAR |

1. María se .... ayer una cuenta de correo gratuito.
2. Para .... una fotografía en esta página, es mejor que la tengas en un archivo propio.
3. ¿Cuándo podré .... a Internet?
4. Si buscas información sobre los antivirus, ... en esta página web.
5. Por favor, ...me el correo de ayer, que lo he perdido.
6. Quiero .... esta película, ¿cómo lo hago?

4 ¿Qué verbos se pueden utilizar con las siguientes palabras?

1.	Información, datos, documentos
2.	Una fotografía, un documento
3.	Una página web
4.	Música, una película
5.	Internet
6.	Una cuenta de correo electrónico
7.	Con copia oculta, con copia
8.	Un programa

5 Complete estas palabras con las letras adecuadas.

1. N _ _ E _ _ _ O _
2. C _ _ _ R _ S _ _ _
3. T _ _ L _ _ _
4. U _ _ A _ _ _
5. _ A _ _ N
6. _ _ _ U _ _ _ R
7. P _ _ _ A _ _ A
8. I _ _ T _ _ A _

UNIDAD 29

6 Cambie los signos de estos mensajes enviados a un foro por las palabras correspondientes.

Foros de Taller de Internet
No estás conectado   Última visita: 30/08/2009 a las 18:00

Registrarse | Lista de Usuarios | Buscar | Mensajes de hoy | FAQ | Estadísticas

< Tema Anterior   Siguiente Tema ><< **1**   2   3 >>

Autor:	Tema: Paso a Paso: correo.
Fausto Moderador ★★★★★	enviado el 29/08/2009 a las 03:03
	¿Cómo hago para enviar un correo con **Cco** ....? También quiero saber cómo ⬇ .... un 📁 .... y cómo 🧷 .... una foto.
	Fausto | Mis escritos
	[perfil] [buscar]
Patricia Forero Mayor ★★★★★	enviado el 29/08/2009 a las 03:28
	Activa la opción de "Cco" y escribe la ✉ .... de la persona que quieres que reciba tu correo enviado a otra persona sin que esta se entere.
	Lo siento, pero no sé cómo 🧷 .... una foto ni un 📁 ....
	Yo necesito saber cómo ⬇ .... 🎵 .... También quiero comprar un 🖱 .... inalámbrico de segunda mano. Ayuda, por favor.
	Mi galería | Mis archivos
	[perfil] [www] [buscar]

30 ¿Sabes cuál es el prefijo de Colombia?
TELÉFONO

¡FÍJESE!

¿Qué te pasa? Te veo muy nervioso.

Es que me tiene que llamar Raquel y casi no tengo **batería** en el **celular**.

¿Y por qué no la llamas tú?

Porque siempre me salta el **buzón de voz**.

Oye, habla más alto que aquí hay muy mala **cobertura**.

FRASES ÚTILES

Voy a buscar su número en la guía telefónica.
Por favor, páseme con la extensión 673.
Tengo que cargar el celular / móvil porque estoy sin batería.
Si no tienes dinero para hacer una llamada, puedes llamar a cobro revertido.
Llámame tú, que yo no tengo saldo.
Cuando estoy en la montaña, mi celular / móvil no tiene cobertura.
Llamé a tu casa y te dejé un mensaje en el contestador automático.
Al final me cambié de tarjeta a contrato porque era mucho más barato.

UNIDAD 30

EJERCICIOS

PALABRAS EN CONTEXTO

1 Lea la siguiente conversación entre Julio y Carlos.

> JULIO: Para ti, ¿qué es mejor tener: un teléfono **fijo** o un **móvil?**
>
> CARLOS: Para mí es mejor tener teléfono fijo porque es más barato.
>
> JULIO: Pues para mí es mejor el **móvil** porque puedes hablar desde cualquier sitio.
>
> CARLOS: Ya, pero si te quedas sin **batería,** tienes que ir a casa a **cargarla.**
>
> JULIO: Pero yo nunca me olvido de cargarla cada noche. Y si salgo de viaje, siempre me llevo el **cargador.** Y hablando de viajes, ¿no crees que es muy útil llevar móvil cuando viajas fuera de casa?
>
> CARLOS: Bueno, eso será si tienes **cobertura,** porque en muchos lugares no puedes **recibir** ni **hacer llamadas.**
>
> JULIO: Pero siempre me pueden **dejar un mensaje** en el **buzón de voz.**
>
> CARLOS: Y a mí me lo pueden dejar en mi **contestador automático.**
>
> JULIO: Ya, pero con el teléfono fijo no puedes **enviar** ni recibir **mensajes de texto,** y yo en cambio sí.
>
> CARLOS: Tú tampoco, porque nunca tienes **saldo.** ¡Ja, ja!
>
> JULIO: Eso no es cierto. Además, ¿tú qué sabes? Si tú nunca me **llamas.**
>
> CARLOS: No te llamo porque nunca **coges** el teléfono, o **está comunicando** o me **cuelgas** enseguida para hablar con tu novia. Y nunca me **devuelves** las llamadas.
>
> JULIO: Ya, eso son solo excusas.

2 Fíjese en el diálogo anterior y complete estas oraciones.

a) El .... es más caro que el ....

b) Los teléfonos celulares necesitan tener la .... cargada para funcionar.

c) Si no estás en casa, te pueden dejar un mensaje en el ....

d) Un teléfono fijo no puede recibir ....

e) El .... de un teléfono móvil es el dinero que tienes para poder hacer llamadas.

-169-

Unidad 30

f) El .... de un teléfono móvil es como el contestador automático de los teléfonos fijos.

g) En muchos pueblos cerca de las montañas no hay buena .... y no se puede usar el teléfono ....

h) Es importante no olvidarse del .... de la batería.

3 Relacione ambas columnas para formar un enunciado coherente.

1. Si no tienes saldo en tu teléfono,
2. Si no estás contento con el servicio de tu compañía,
3. Si hablas mucho por teléfono,
4. Si tienes móvil con tarjeta y pagas mucho,
5. Si no sabes cómo activar el buzón de voz,

a) puedes dar de baja tu línea.
b) puedes llamar a cobro revertido.
c) llama al servicio de atención al cliente.
d) te conviene contratar una tarifa plana.
e) tal vez pagues menos si te pasas a contrato.

4 Elija la opción más adecuada al contexto.

1. Déjame tu celular para llamar a mi novia, el mío no tiene **cargador** / **saldo**.

2. La **batería** / **cobertura** de este móvil no es muy buena: solamente dura unas horas.

3. Para hacer una llamada internacional, es necesario marcar el **extensión** / **prefijo** del país antes del número de teléfono.

4. Mauricio debe de pagar unas facturas altísimas, su teléfono siempre está **estropeado** / **comunicando**.

5. En la **línea** / **guía telefónica** puedes encontrar los números de teléfono de todos los restaurantes.

6. Gracias por llamar a nuestra empresa. Si conoce la **llamada** / **extensión** del empleado, márquela directamente; en caso contrario, espere.

7. Antonio, **cuelga** / **llama** ya, que tengo que llamar a mi madre.

8. Cuando ya estaba subida en el avión, me di cuenta de que no había **buscado** / **cargado** la batería del celular.

9. Esta compañía telefónica tiene muy buenas ofertas si contratas una tarifa **baja** / **plana**.

10. Oye, no te enfades. Anoche estuve un buen rato llamándote pero siempre estabas **devolviendo** / **comunicando**.

Unidad 30

5 Nuestros personajes han llamado al número de información de su compañía de teléfono. Lea lo que les dice y después indique qué opción ha de marcar cada uno.

> **Bienvenido al servicio de atención al cliente de la compañía telefónica TELELÍNEA.**
>
> Si desea darse de baja, marque **1**
> Si desea saber el saldo de su tarjeta, marque **2**
> Si necesita información sobre sus pagos, marque **3**
> Si necesita ayuda con su factura, marque **4**
> Si quiere volver a escuchar estas opciones, marque **5**
> Si necesita activar el servicio de llamadas internacionales, marque **6**
> Si necesita hablar directamente con uno de nuestros agentes, marque **0**

1. Emma quiere llamar a su familia en Puerto Rico. Tiene que marcar el número ......
2. Andrés no entiende por qué este mes tiene que pagar 150 € más que el mes anterior. Tiene que marcar el número ......
3. Soraya no ha entendido bien las opciones. Tiene que marcar el número ......
4. Rubén no está seguro de si tiene alguna factura de teléfono pendiente. Tiene que marcar el número ......
5. Miguel no puede enviar mensajes de texto. Tiene que marcar el número ......

6 Busque en la sopa de letras siete palabras estudiadas en esta unidad.

C	O	M	U	N	I	C	A	N	D	O	K	R	S	C	D	S
A	K	N	R	E	H	F	R	H	N	D	H	O	G	G	G	D
R	L	F	D	X	B	R	U	V	D	C	B	D	V	V	B	R
G	Ñ	Y	E	M	V	P	T	S	Q	F	G	A	F	B	H	D
A	Z	E	T	L	F	P	R	U	Z	R	F	T	D	N	Y	F
D	X	W	G	P	R	A	E	E	F	T	C	S	X	H	J	C
O	C	X	V	F	G	B	B	Ñ	F	Y	D	E	C	Y	U	V
R	V	C	B	L	J	V	O	P	Y	I	E	T	D	U	N	F
O	B	G	O	E	M	F	C	M	B	H	J	N	L	D	S	R
P	N	C	U	Q	I	R	H	J	H	U	Q	O	D	L	A	S
A	M	I	H	T	K	E	N	L	U	I	A	C	E	K	O	R
S	D	L	D	C	O	D	M	Y	I	J	Z	L	X	O	F	S

31 ¡Han secuestrado a mi loro!
EN EL JUZGADO

¡FÍJESE!

Le declaro culpable del delito de secuestro, por el que es condenado a pagar una multa de 3.000 €.

- Juez / jueza
- Acusado
- Policía
- Abogado defensor
- Fiscal

FRASES ÚTILES

La policía entró en la casa cuando los ladrones aún estaban dentro.

A Elvira la atracaron ayer al salir del cine. La amenazaron con una pistola de agua.

Según la última estadística, la delincuencia en esta ciudad descendió en el último año.

Los jueces se encargan de que se cumpla la ley.

En la reunión se tomaron medidas para luchar contra el terrorismo internacional.

La Constitución establece los derechos y los deberes de los ciudadanos.

Ejercicios

Palabras en contexto

1 Lea los siguientes titulares de prensa.

> Tres menores **acusados** de **robar** caramelos **declaran** hoy ante el **juez**

> Los acusados del **atraco** al Banco Nacional ya están en **prisión**

> Condenan a una estudiante a pagar una **multa** de 100 euros por **insultar** a su profesor

> Hoy declaran los **testigos** del caso de **corrupción**

> La **Constitución** española **garantiza** el **derecho** a un **juicio** justo a todos los ciudadanos

> Una mujer de 32 años **denuncia** en la comisaría a su vecina por **golpear** su pared toda la noche

> Comienza el **juicio** con la declaración del principal **sospechoso**

> El **fiscal** del caso Miami está satisfecho con la **sentencia**

-173-

Unidad 31

2 **Busque en los titulares anteriores la palabra que se corresponde con estas definiciones.**

1. Quitar el dinero a una persona por la fuerza: ....
2. Personas a las que se atribuye haber cometido algún delito: ....
3. Persona encargada de administrar la justicia: ....
4. Castigo que consiste en pagar una cantidad de dinero: ....
5. Ley de un estado que regula los derechos y libertades de los ciudadanos: ....
6. Comunicar a las autoridades que se ha cometido un delito: ....
7. En contra de la ley: ....
8. Ofender a alguien con palabras: ....

3 **Complete el siguiente cuadro.**

VERBO	NOMBRE
Robar	
	Acusado
	Insulto
Juzgar	
Multar	
	Golpe
	Vigilante
	Denuncia
Sospechar	
Testificar	
	Atraco

UNIDAD 31

4 Rellene los huecos con la palabra correspondiente en su forma adecuada.

> Constitución   secuestro   juicio
>
> cárcel   abogado   insultar

1. Los presos que están en la .... han cometido algún delito.
2. El acusado .... al juez durante el ....
3. El objetivo de los .... es pedir un rescate.
4. La .... garantiza a los ciudadanos derechos y libertades.
5. Expulsaron de la sala al .... por amenazar al juez.

5 Una cada persona con un lugar.

1. policía
2. juez
3. ladrón
4. vigilante

a) juzgado
b) banco
c) comisaría
d) cárcel

6 Indique a qué delito se refieren las siguientes personas.

1. Me amenazaron y obligaron a darles todo el dinero del banco.

2. Se llevaron todas las joyas de mi casa.

3. ¡Socorro, se llevan a mi jefe!

-175-

UNIDAD 31

7 Complete esta noticia con las palabras que faltan en la forma correcta.

> policía / comisaría / robar / acusado / robo / denunciar / prisión
> juzgado / hurto / delito / juez / cometer / denuncia / ilegal / violencia

Una madre denuncia a su propio hijo

Una madre .... ayer a su hijo de quince años porque le .... la tarjeta de crédito y le sacó 3.000 euros de su cuenta del banco. La madre fue a la .... para poner una .... por .... Allí los .... le dijeron que no podía denunciarlo por robo, sino por .... porque el muchacho no había empleado la .... El joven conocía la clave de la tarjeta y tan pronto como .... el .... metió la tarjeta en la cartera de su madre. El hijo ha admitido su culpa y ha sido .... de hurto en el .... número 13 del distrito. Como es menor de edad, sería .... mandarlo a .... y su caso lo está estudiando un .... para ver qué castigo imponerle.

8 Elija la opción correcta.

1. Raúl está muy contento porque la jueza lo ha declarado ...
   a) sospechoso   b) inocente   c) culpable

2. Afortunadamente, los ... del centro comercial atraparon a los delincuentes.
   a) jueces   b) ladrones   c) vigilantes

3. La víctima declaró contra sus ...
   a) abogados   b) atracadores   c) testigos

4. El tribunal condenó al acusado a pagar una ... de 2.400 euros.
   a) denuncia   b) cárcel   c) multa

5. El juez declaró el juicio visto para ...
   a) sentencia   b) prisión   c) comisaría

6. Curiosamente, la hermana de la acusada ... en su contra.
   a) testificó   b) insultó   c) golpeó

UNIDAD 31

9 **Resuelva este crucigrama.**

Horizontales

1. Ofender a alguien con palabras o acciones.
2. Persona encargada de mantener el orden público y la seguridad de los ciudadanos.
3. Persona que comete un delito.
4. Retener por la fuerza a una persona para pedir un rescate.
5. Robo sin violencia.
6. Lugar en el que están los policías.
7. Castigo que obliga a pagar una cantidad de dinero.

Verticales

1. Lugar en el que cumplen condena los delincuentes.
2. Ley que garantiza los derechos de los ciudadanos.
3. Persona que roba.
4. Persona a la que se le imputa un delito.
5. Persona contratada por una empresa privada para cuidar un lugar.
6. Persona con poder para administrar la ley.
7. Acto de quitar algo a alguien con violencia.

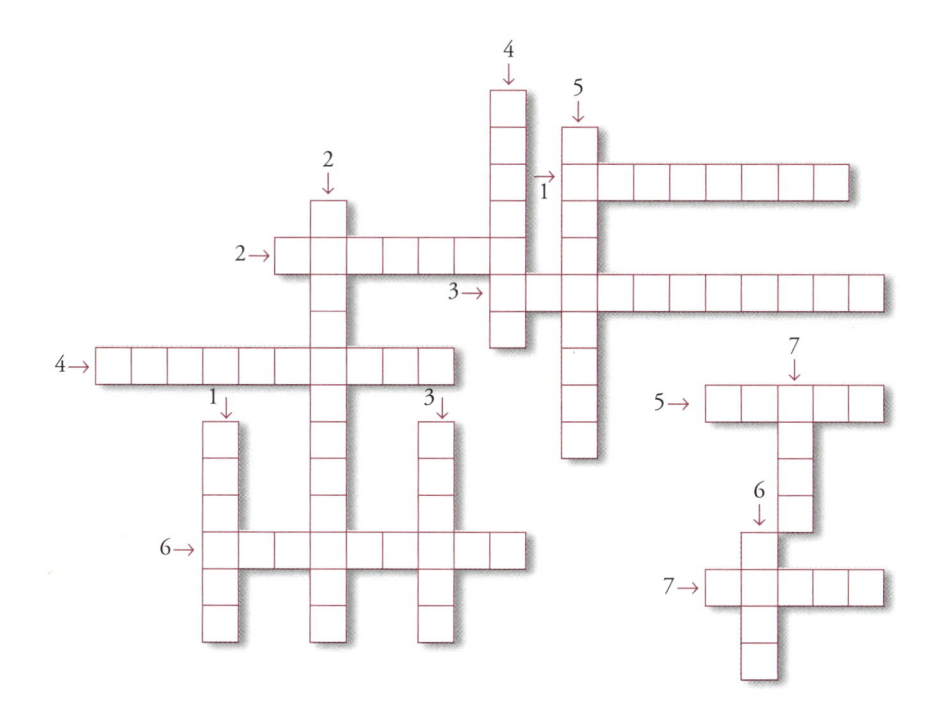

-177-

32 — Debemos reciclar los residuos
PROBLEMAS MEDIOAMBIENTALES

¡FÍJESE!

Contaminación / polución

Humo

Lluvia ácida

Contenedores de reciclaje

PAPEL Y CARTÓN

VIDRIO

PLÁSTICO

FRASES ÚTILES

El Ayuntamiento recoge el papel para reciclarlo.
El humo de los coches produce mucha contaminación.
Es importante separar los tipos de residuos y poner cada uno en su contenedor.
La lluvia ácida lleva sustancias tóxicas.
Las energías alternativas, como la energía solar, no contaminan.
El agujero en la capa de ozono es cada vez más grande.
Yo siempre compro cuadernos de papel reciclado.

Ejercicios

Palabras en contexto

1 Lea la siguiente conversación.

> **Miguel:** ¿Tú sabes por qué es importante cuidar la **capa de ozono**?
>
> **Omar:** Sí, la capa de ozono está en la atmósfera y protege a la Tierra de los rayos nocivos del sol, como las **radiaciones ultravioletas.**
>
> **Miguel:** ¿Y por qué tiene **agujeros**?
>
> **Omar:** Por la **contaminación** del aire y la emisión de **gases efecto invernadero,** que reducen mucho la capa de ozono dejando pasar esos rayos tan dañinos para los seres vivos y el **ecosistema.**
>
> **Miguel:** Yo no sabía que la **polución** podía afectarnos así.
>
> **Omar:** Y aún es mucho más grave… La contaminación también provoca el **calentamiento global** o **cambio climático** en el planeta y con el tiempo puede afectar y cambiar el clima de la Tierra.
>
> **Miguel:** Y entonces hará mucho más calor.
>
> **Omar:** Sí, pero además la contaminación también produce **lluvia ácida,** que lleva sustancias químicas muy perjudiciales que dañan el agua, el suelo, las plantas, los edificios, monumentos…
>
> **Miguel:** ¿Y tú qué haces para **contaminar** menos?
>
> **Omar:** Pues **reciclo** toda mi **basura,** no utilizo mucho el coche y no abuso de la calefacción ni del aire acondicionado. Busco siempre el **ahorro de energía.**
>
> **Miguel:** Jo, se nota que eres un **ecologista** por la forma en que te preocupas por el **medio ambiente.**
>
> **Omar:** Eso intento. Lo cierto es que lucho para que el ser humano siga progresando, pero para ello hace falta que lo hagamos llevando a cabo un **desarrollo sostenible.**

2 Indique si las siguientes afirmaciones son verdaderas (V) o falsas (V).

	V	F
a) La capa de ozono nos protege de los rayos buenos del sol.	☐	☐
b) La polución produce agujeros en la capa de ozono.	☐	☐

Unidad 32

	V	F
c) La contaminación y la polución se refieren al mismo fenómeno.	☐	☐
d) Se espera que la temperatura de la Tierra vaya bajando poco a poco.	☐	☐
e) La lluvia ácida destruye todo lo que toca.	☐	☐
f) El reciclaje es una buena solución para reducir la contaminación.	☐	☐

3 Complete el siguiente texto con las palabras adecuadas del cuadro.

> energía / medioambiental / contaminación / reducir / reciclado / residuos
> basura / reutilizar / ecología / reciclar

Las tres R de la .... son:

1. .... al máximo el consumo, seleccionando en la compra productos que tengan un menor impacto .... y evitando generar .... innecesaria.

2. ...., empleando repetidamente o de diversas formas distintos productos consumibles.

3. ...., utilizando los .... como materia prima para la elaboración de un producto que puede ser igual o distinto al producto de origen. El .... de materiales es fundamental, ya que permite el ahorro de materias primas y disminuye el consumo de .... y agua, al mismo tiempo que reduce la generación de residuos y la .... que eso produce.

4 Explique qué mensaje quieren transmitir estos tres eslóganes.

A Muchos residuos no son desperdicio

....

Unidad 32

B Reciclar es de sabios

....

C Si no quieres que el sistema de reciclado se pare, ¡separa!

....

5 Indique con una X a qué contenedor van los siguientes residuos.

	AMARILLO (plástico, latas, envases)	AZUL (cartón, papel)	VERDE (vidrio)
revistas			
botellas de whisky			
recipiente de yogur			
tarro de mermelada			
brick de leche			
lata de un refresco			
caja de galletas			
recipiente metálico			
periódicos			
bolsa de aceitunas			

6 Señale el intruso en estas series de palabras.

1. Polución   lluvia ácida   ecología   humo
2. Separar   contaminar   reciclar   clasificar
3. Reciclaje   energía alternativa   contaminación   desarrollo sostenible
4. Gases   humo   basura   ahorro

33 Evitemos los incendios
DESASTRES NATURALES

¡FÍJESE!

- Tsunami / maremoto
- Erupción volcánica (Cráter, Lava) 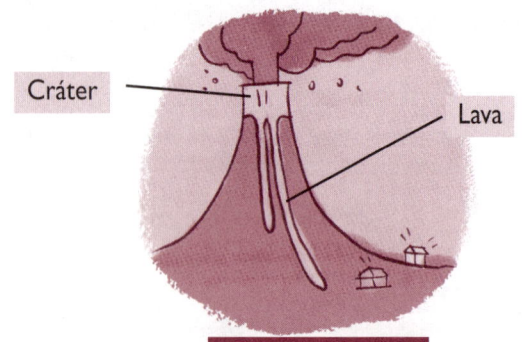
- Inundación
- Huracán 
- Incendio forestal 
- Terremoto 
- Sequía 

FRASES ÚTILES

Los desastres naturales causan muchas muertes cada año.

Si enciendes un fuego en un bosque, puedes provocar un incendio.

Desgraciadamente, las erupciones volcánicas no se pueden evitar.

Enseguida se localizó el epicentro del terremoto.

La sequía en muchas zonas del planeta es consecuencia del cambio climático.

En el siglo XX el volcán Etna entró en erupción en varias ocasiones.

En 2005 el huracán Katrina provocó inundaciones que destruyeron la ciudad de Nueva Orleans.

EJERCICIOS

PALABRAS EN CONTEXTO

1 Lea el siguiente texto.

Indonesia y la naturaleza

Probablemente, Indonesia, el gran archipiélago situado entre los océanos Índico y Pacífico, sea el país del mundo más vulnerable a los **desastres naturales,** porque en la región se halla el 13 % de los **volcanes** activos del mundo y ha sufrido el 11 % de los **terremotos** del planeta.

En el año 2004 sufrió dos terremotos y un **tsunami** (término japonés para referirse a **maremoto);** en el año 2005 la **erupción** de un volcán, otro terremoto y otro tsunami, y en el 2006 numerosas **inundaciones.** Y, por si fuera poco, en 2007 las inundaciones de Yakarta provocaron la muerte de miles de personas.

Debido a su enorme extensión, la densidad demográfica y su situación geográfica dentro del Anillo de Fuego del Pacífico, Indonesia tal vez sea el país con más riesgo de sufrir alguna catástrofe natural.

Los expertos aseguran que el **cambio climático,** que conlleva lluvias más fuertes y periodos de **sequía** más largos, podría agravar la situación de Indonesia en el futuro, por lo que es importante estar preparados.

Los científicos creen que la naturaleza seguirá golpeando Indonesia. Por eso, su gobierno ha preparado una Ley de Gestión de Desastres Naturales que tiene como objetivo trabajar en la prevención y coordinación para reducir el número de víctimas cuando se produzca un nuevo desastre natural.

2 Marque ahora verdadero (V) o falso (F).

	V	F
a) Es posible que en Indonesia se sigan produciendo desastres naturales.	☐	☐
b) Indonesia sufrió varios huracanes en el año 2006.	☐	☐
c) El cambio climático afectará a Indonesia de forma negativa.	☐	☐
d) El gobierno de Indonesia quiere prevenir las catástrofes.	☐	☐
e) La situación geográfica de Indonesia la hace más vulnerable a los tsunamis.	☐	☐

Unidad 33

3 ¿A qué desastres naturales se refieren estas definiciones?

1. Agua que ocupa zonas que habitualmente están libres de ella: ....
2. Escasez de agua para abastecer las necesidades de las plantas, los animales y los seres humanos: ....
3. Viento que sopla a gran velocidad: ....
4. Olas muy grandes y fuertes: ....
5. Vibración de la tierra: ....
6. Fuego no controlado: ....
7. Expulsión de lava: ....

4 Elija la causa que provoca cada uno de los siguientes desastres naturales.

a Huracán   **b** Incendio   **c** Erupción volcánica   **d** Maremoto

e Sequía   **f** Terremoto   **g** Inundación

1. Lluvias muy intensas. ☐
2. Escasez de lluvias. ☐
3. Terremotos submarinos. ☐
4. Tormenta fuerte en el mar o el océano. ☐
5. Las placas de la Tierra se desplazan. ☐
6. Un cigarro mal apagado en el bosque. ☐
7. Calentamiento del interior de la tierra. ☐

5 Elija la opción correcta.

1. Las olas eran gigantes y golpeaban con fuerza la costa. El **terremoto** / **tsunami** causó grandes daños materiales y numerosas víctimas.
2. La cosecha se va a estropear. Necesitamos agua. ¡Ojalá acabe pronto esta **sequía** / **inundación**!
3. Temblaron todas las paredes de la casa. Después supimos que el **cráter** / **epicentro** del terremoto estaba muy cerca de aquí.
4. El viento **arrastró** / **inundó** cientos de árboles.
5. Hay que evitar encender fuego en los bosques para no provocar **incendios** / **maremotos** forestales.

6 Encuentre la analogía.

1. Ola es a tsunami como .... es a incendio.
2. Agua es a .... como viento a ....
3. .... es a volcán como .... a inundación.

7 Complete el texto con las palabras necesarias en su forma adecuada.

| víctima | natural | contaminar | planeta | calentamiento | polución |

En el (1) .... ocurren diferentes tipos de desastres naturales. Aunque muchos de estos desastres son producidos por causas (2) ...., el ser humano (3) .... el planeta y la (4) .... provoca un (5) .... de la Tierra que hace que los desastres se produzcan con más frecuencia. Estos desastres causan muchas (6) .... y muchos daños materiales. Y por eso hay que luchar para minimizar sus efectos.

34 ¿Cuánto mide este jardín?
FORMAS Y MEDIDAS

¡FÍJESE!

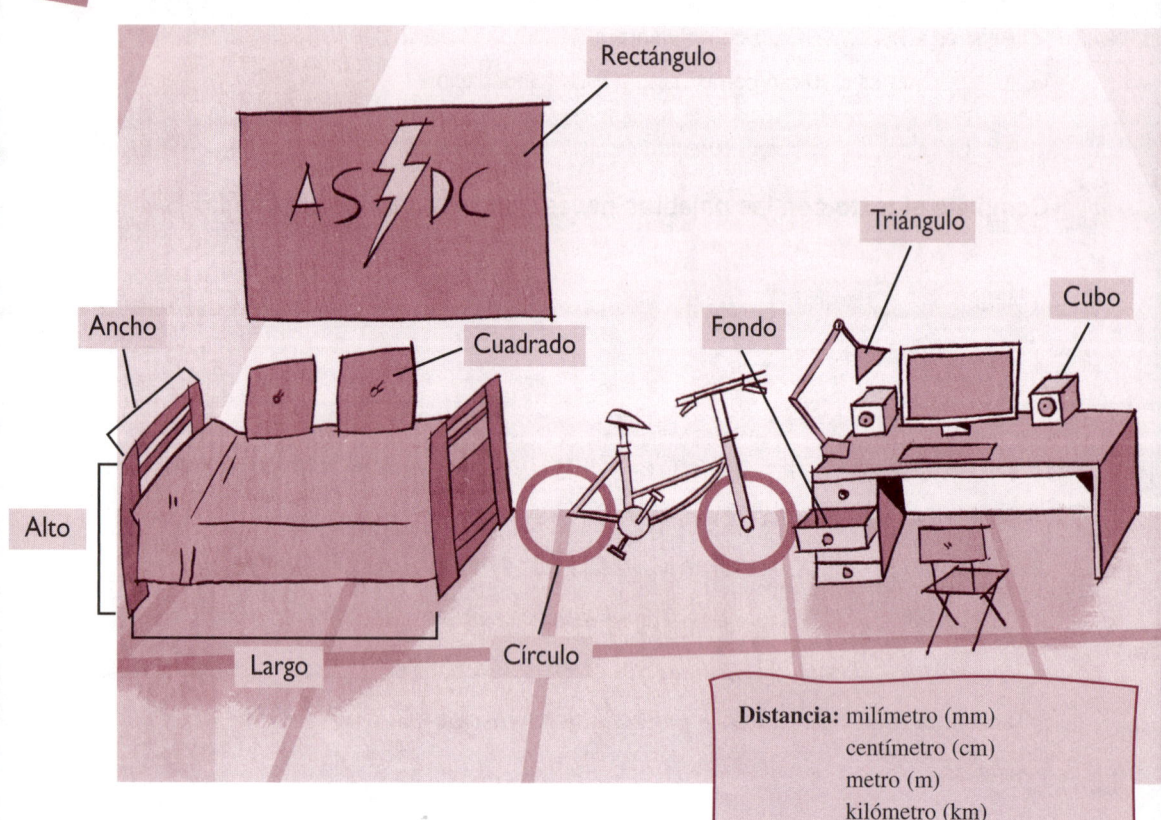

Rectángulo
Triángulo
Cubo
Ancho
Cuadrado
Fondo
Alto
Largo
Círculo

Distancia: milímetro (mm)
centímetro (cm)
metro (m)
kilómetro (km)

Peso: miligramo (mg)
gramo (g)
kilogramo (kg)

Superficie: centímetro cuadrado (cm^2)
metro cuadrado (m^2)
kilómetro cuadrado (km^2)

Capacidad: litro (l)
centímetro cúbico (cm^3)
metro cúbico (m^3)

FRASES ÚTILES

–¿A qué distancia está tu casa del parque?
–A dos kilómetros.
–¿Cuántos metros cuadrados tiene tu casa?
–90 metros cuadrados.
–¿Cuánto pesas?
–Peso 60 kilos.
–¿Y cuánto mides?
–Mido 1,75.

En el cubo las seis caras son iguales.
El rectángulo no tiene todos los lados iguales.
Juan atravesó la calle en diagonal, en vez de ir recto.

Unidad 34

Ejercicios

Palabras en contexto

1 Lea la carta que Adriana escribe al consultorio de la revista *Vive Sano* del doctor Arroyo y su respuesta.

> *Estimado Dr. Arroyo:*
> *Me llamo Adriana y quisiera saber cómo hallar mi peso ideal. Muchas gracias.*

> *Querida Adriana:*
> *La fórmula más utilizada para calcular el **peso** ideal es el Índice de Masa Corporal y consiste en dividir el peso en **kilos** por la talla en **metros** elevada al cuadrado. Si la cifra resultante se encuentra entre 20-25 significa que tu peso es normal; si la cifra está entre 25-30 hay sobrepeso, y si está por encima de 30, sería ya un caso de obesidad.*
> *Espero haber aclarado tu duda.*
>
> *Dr. Arroyo*

2 Adriana pesa 72 kg y mide 1,60 m. Averigüe cuál es su índice de masa corporal.

....

3 ¿En qué unidad se mide cada uno de los siguientes conceptos?

1. La altura de una persona: ....
2. El peso de un trozo de queso: ....
3. El peso de una maleta: ....
4. El tamaño de un apartamento: ....
5. El fondo de una estantería para colocar libros: ....

Unidad 34

6. La distancia entre Managua y Bogotá: ....
7. La cantidad de aceite en una botella: ....
8. La extensión de un campo de golf: ....

4 Elija la opción correcta.

1. Mi salón mide 4 metros de largo y 3 metros de ancho. ¿Cuántos metros cuadrados tiene?
   a) 7 m².
   b) 12 m².
   c) 12 m.

2. Si Elisa mide 178 centímetros y Mariana 1,70 metros. ¿Quién es más alta?
   a) Elisa.
   b) Mariana.
   c) No se pueden comparar centímetros y metros.

3. La Comunidad de Madrid tiene una superficie de 8.000 ...
   a) m.
   b) km.
   c) km².

4. La Organización Mundial de la Salud aconseja no tomar más de 6 ... de sal al día.
   a) g.
   b) kg.
   c) cm.

5 Complete las siguientes oraciones con la palabra adecuada.

1. Hay 200 .... de mi casa a la playa.
2. Esta librería mide 70 centímetros de .... por un metro de ....
3. Mi casa tiene un jardín de 200 ....
4. El camión que vino de la granja llevaba 500 .... de leche.
5. Un cubo está formado por seis .... iguales.
6. Un cuadrado tiene cuatro .... iguales.
7. Fui a la peluquería para que me cortaran el flequillo; pero fue inútil. Como mucho, me cortaron 5 ....
8. Este armario tiene muy poco .... Casi no cabe ropa.
9. Melisa dibujó en el cuadrado una línea en .... para formar dos ....

UNIDAD 34

6 Forme el adjetivo correspondiente a estos sustantivos.

SUSTANTIVO	ADJETIVO
Círculo	*circular*
Triángulo	....
Cubo	....
Rectángulo	....
Cuadrado	....

7 Clasifique los siguientes objetos según su forma.

[monedas / servilleta / sol / hamburguesa / armario
televisor / puerta / cama / punta de flecha / sartén / rueda
pico de montaña / tablero de ajedrez]

Círculo	Cuadrado	Rectángulo	Triángulo

Test de autoevaluación

TEST AUTOEVALUACIÓN

1. Estar en forma es …
   a. no engordar
   b. liberar estrés
   c. estar en buena forma física

2. Hablar por los codos significa …
   a. hablar sin parar
   b. hablar moviendo los brazos
   c. tener los brazos largos

3. Una persona traviesa es una persona …
   a. habladora y sociable
   b. paciente y tranquila
   c. bromista e inquieta

4. Me encuentro ……………… y creo que tengo fiebre.
   a. fatal
   b. de buen humor
   c. contenta

5. –Estoy aburrido.
   –Pues …
   a. vamos al cine
   b. vete al médico
   c. ten paciencia

6. Sonia vive con Francisco pero no están casados, por lo tanto …
   a. están divorciados
   b. es viuda
   c. son pareja de hecho

7. Hay que enviar las …………… para la boda.
   a. celebraciones
   b. brindis
   c. invitaciones

8. Un brindis consiste en …
   a. chocar las copas para celebrar algo
   b. una celebración religiosa
   c. un obsequio

9. Mi vecina se ha ……………, y le ha quedado muy poca pensión.
   a. contratado
   b. jubilado
   c. renovado el contrato

10. Una persona que hace el trabajo de otra de forma temporal es un …
    a. oficio
    b. empleado
    c. sustituto

11. Lupe se encarga de ……………… la compra esta semana.
    a. preparar
    b. hacer
    c. limpiar

12. Los helados se deben guardar en …
    a. la lavadora
    b. la nevera
    c. el congelador

13. En la dieta mediterránea predominan …
    a. los productos vegetales
    b. las grasas
    c. las conservas

14. ¿En qué sección del supermercado encontraremos los garbanzos?
    a. en la de lácteos
    b. en la de legumbres
    c. en la de embutidos

15. Hay que picar …………… de ajo antes de rehogar la verdura.
    a. un diente
    b. una docena
    c. un gramo

16. Si tienes resaca significa que …
    a. te ha sentado mal la comida
    b. has bebido mucho alcohol
    c. no digieres bien la comida

Test autoevaluación

17. Rebeca quiere hacer un .... con algún estudiante americano.
   a. matrícula   **b.** examen   **c.** intercambio

18. Mira, Pedro, has .... el examen de Matemáticas con un 4.
   a. aprobado   **b.** suspendido   **c.** corregido

19. El más alto grado académico es el …
   a. grado   **b.** doctorado   **c.** máster

20. El violín es un instrumento de …
   a. cuerda   **b.** percusión   **c.** viento

21. Si se quiere decir a alguien que se vaya a otro sitio a molestar, se dice …
   a. te voy a cantar las cuarenta   **b.** me suena a música celestial   **c.** vete con la música a otra parte

22. Antonio Gaudí fue un .... excepcional.
   a. escultor   **b.** pintor   **c.** arquitecto

23. Los musulmanes rezan en la ...., los judíos en la .... y los cristianos en la ....
   a. mezquita, iglesia, sinagoga   **b.** mezquita, sinagoga, iglesia   **c.** iglesia, mezquita, sinagoga

24. *Cien Años de Soledad* es .... de Gabriel García Márquez.
   a. una novela   **b.** un cómic   **c.** un poema

25. –Me gusta la ...., ¡los versos suenan tan bien…!
   –Yo prefiero los ...., ¡me encanta dibujar!
   a. novela policíaca / cómic   **b.** poesía / cómics   **c.** poesía / novela científica

26. –Quieres que vayamos al cine?
   –Vale, ¿a qué .... vamos?
   a. entrada   **b.** cartelera   **c.** sesión

27. –Yo .... sellos, ¿tú qué afición tienes?
   –A mí me gustan los …
   a. colecciono / pasatiempos   **b.** hago / bricolaje   **c.** me divierto / informativos

28. –Ayer vi una .... muy interesante en la TV.
   –Yo empecé a verla pero cambié de ....
   a. película / informativo   **b.** cadena / serie   **c.** película / canal

29. –¿Qué es un ....?
   –Un .... de ciudad que va por vías.
   a. tranvía / medio de transporte   **b.** tren / medio de transporte   **c.** parapente / medio de transporte

30. ¿Qué es un alojamiento similar a un hotel pero de categoría inferior?
   a. un albergue   **b.** un apartamento   **c.** un hostal

Test autoevaluación

31. –¿Por qué frenas?

–Porque tenemos una ...

a. gasolinera   b. área de servicio   c. rueda pinchada

32. –¿Tienes seguro a todo riesgo?

–No, es muy caro, solo tengo ...

a. seguro del hogar   b. seguro obligatorio   c. mapa de carreteras

33. El .... en el coche y el .... en la moto te pueden salvar la vida en caso de accidente.

a. motor / volante   b. atasco / stop   c. cinturón / casco

34. –Me gustaría tener flores en mi jardín.

–Pues primero hay que .... las semillas y luego ....

a. sembrar / regarlas   b. cortar / regarlas / cultivar   c. trasplantar / plantar / regarlas

35. –Los animales más peligrosos son los osos y los delfines.

–No, los .... no son peligrosos.

a. delfines   b. tigres   c. cocodrilos

36. –El .... salta si hay poca luz, ¿no?

–Sí pero tienes que ...... mejor porque la última foto te ha salido borrosa.

a. flash / enfocar   b. flash / disparar   c. trípode / sacar

37. –¿Practicas algún ....?

–Sí. Me gusta mucho .... sobre hielo.

a. deporte / remar   b. deporte / patinar   c. deporte / hacer ala delta

38. En el fútbol lo más importante es marcar .... al .... contrario.

a. goles / equipo   b. balón / jugador   c. patada / árbitro

39. –¿Me va a hacer .... si me llevo dos televisores?

–Le haré descuento solo si me paga...............

a. descuento / a plazos   b. descuento / con tarjeta   c. descuento / al contado

40. –¿Te has comprado un vestido ...., de flores? No te .... con el bolso verde.

a. estampado / queda bien   b. de rayas / pones   c. de seda / usa

41. El .... es el propietario del piso y no quiere venderlo. ¡Yo que iba a pedir una .... para comprarlo!

a. portero / comunidad   b. alquiler / propiedad   d. casero / hipoteca

42. –Me duele mucho. ¿No puede darme un...............?

–Sí, pero tiene la .... muy alta y, además, un poco de ....

a. antibiótico / orina / herida   b. calmante / tensión / fiebre   c. análisis / pastilla / recuperación

-194-

Test autoevaluación

43. –¡Mi madre se ha caído y se ha .... un brazo!
   –¿La han llevado al ....?
   a. roto / traumatólogo **b.** torcido / dermatólogo **c.** curado / ginecólogo

44. Una .... es una cinta autoadhesiva para proteger una herida pequeña.
   a. receta **b.** pomada **c.** tirita

45. –¿Quiere enviar la carta .... o por correo ....?
   a. urgente / ordinario **b.** certificada / ordinario / **c.** ordinaria / certificado

46. –La quiero .... y con .... Es más seguro que le llegue al destinatario.
   a. certificada / destinatario **b.** certificada / acuse de recibo **c.** urgente / giro postal

47. –Pilar se ha .... a Internet.
   –Es muy útil. Puedes .... fotos y todo tipo de información interesante.
   a. conectado / descargar **b.** copiado / entrar **c.** descargado / abrir

48. –No tengo .... en el móvil. ¿Tienes tú saldo en el tuyo?
   –Lo siento, yo no tengo ....
   a. cobertura / batería **b.** mensaje / buzón de voz **c.** batería / celular

49. El .... tuvo lugar en el banco. Los .... se llevaron medio millón de euros.
   a. robo / atracadores **b.** golpe / vigilantes **c.** asesinato / policías

50. –¿Por qué hay agujeros en la capa de ozono?
   –Por la .... del aire y la .... de gases.
   a. lluvia ácida / basura **b.** energía solar / contaminación **c.** contaminación / emisión

51. –A mí de dan mucho miedo los .... y los .... Es lo mismo pero en tierra o en agua.
   a. huracanes / desastres naturales **b.** terremotos / maremotos **c.** volcanes / fuegos

52. –Pues a mí me parecen peor la .... y los .... Dejan todo seco y agotado.
   a. contaminación / volcanes **b.** sequía / incendios forestales **c.** inundación / erupción volcánica

53. –¿Por qué los helados se miden en ....?
   –No lo sé, será porque si se derrite es un líquido. ¿Y por que un yogur se mide en ....?
   a. litros / gramos **b.** metros / kilos **c.** centímetros / kilómetros

54. –Las monedas son de forma .... igual que las ruedas.
   –Y los cuadernos y las pizarras son de forma ....
   a. redonda / triangular **b.** cuadrada / rectangular **c.** redonda / rectangular

Soluciones

SOLUCIONES

UNIDAD 1

2. a) verdadero; b) verdadero; c) verdadero; d) falso; e) verdadero; f) verdadero.

3. 1. e); 2. a); 3. b); 4. c); 5. d).

4. 1. guantes – manos; 2. tobillera – tobillo; 3. bufanda – cuello; 4. reloj – muñeca; 5. jersey – tronco; 6. pendientes – orejas; 7. cinturón – cintura.

5. 1. b); 2. d); 3. a); 4. h); 5. f); 6. c); 7. e); 8. g).

6. 1. correr – estar sentado; 2. besar – tocar; 3. respirar – reír.

7. 1. e); 2. g); 3. f); 4. h); 5. a); 6. b); 7. c); 8. i); 9. d); 10. j).

8. **Posibles respuestas**

    MOVERNOS: piernas, brazos, pies, cabeza...

    SENTIR: oído / orejas, nariz, manos, lengua, labios...

    VIVIR / MOSTRAR EMOCIONES: corazón, pulmones, labios, ojos, boca...

9. 1. oreja; 2. espalda; 3. pierna; 4. codo; 5. frente

10. **Posibles respuestas**

    1. uñas, labios; 2. barba, bigote, piernas; 3. cejas, piernas...; 4. pelo, barba, uñas; 5. manos, cabeza, pelo; 6. pelo, uñas...

11. 1. falso; 2. verdadero; 3. falso; 4. falso; 5. falso; 6. verdadero.

12. 1. d); 2. c); 3. e); 4. b); 5. a).

13. 1. músculos; 2. barriga; 3. tobillo; 4. adelgazar; 5. pulmones; 6. cuchilla.

UNIDAD 2

2. Respuesta libre.

3. 1. introvertida; 2. arrogante; 3. vaga; 4. sincera; 5. traviesa; 6. extrovertida.

4. 1. optimista; 2. intranquilo / nervioso; 3. paciente / tranquilo; 4. trabajador; 5. inseguro; 6. liberal; 7. mentiroso.

5. FLOR: ¿Tú qué tipo de estudiante eres?

    RITA: No lo sé. Creo que soy **trabajadora,** porque le dedico mucho tiempo al estudio.

    FLOR: Yo no, yo soy muy **vaga,** siempre dejo las tareas para el día siguiente...

    RITA: Pero también eres **paciente** y **optimista.** Aguantas mucha presión y siempre estás contenta.

    FLOR: Sí, es verdad. También creo que soy **tranquila** porque no me enfado con facilidad. Además, me gusta escuchar a los demás y no hablar demasiado.

    RITA: Pues yo no, yo soy muy h**abladora,** siempre estoy contando historias y además tengo muy mal **carácter.** Me enfado enseguida por cualquier cosa.

    FLOR: Lo que tienes es poco **sentido** del h**umor.** Hay que reírse más y, sobre todo, reírse de uno mismo.

    RITA: ¿Ah sí? Pues ¿sabes qué? ¡Tú eres una **arrogante**! Te crees doña perfecta.

6. TENER: sentido del humor, mucho carácter, mal carácter, un carácter fácil.

    SER: pesimista, trabajador, vago, sincero.

7. 1. arrogante (el único que indica algo negativo); 2. vago (el único que no lleva el prefijo **in- (im-** delante de **p**); 3. sincero (el único que indica algo positivo); 4. seguro (el único que no termina con el sufijo **-or**).

8. POSITIVO: tranquilo, sincero, optimista, trabajador, paciente.

    NEGATIVO: impaciente, introvertido, arrogante, vago, inseguro.

Soluciones

9. 1. Si eres trabajador, siempre tendrás empleo / tendrás empleo siempre.

   2. Una cosa es tener mal humor y otra tener mal carácter.

   3. Una persona arrogante es normalmente una persona insegura.

   4. Ser introvertido significa centrarse en sí mismo.

   5. El sentido del humor es diferente en cada cultura.

10. 1. optimista; 2. paciente; 3. trabajador; 4. vago; 5. sincero.

11. 1. poco; 2. débil; 3. difícil; 4. fuerte.

12.

I	M	P	A	C	I	E	N	T	E	S	E	O	Ñ	M	M	Q	C
N	B	V	B	R	I	O	D	I	T	R	E	V	O	R	T	X	E
T	S	M	D	L	R	B	D	T	F	V	G	U	N	B	E	T	I
R	E	H	E	Q	R	O	R	E	C	N	I	S	G	F	R	V	N
A	R	R	R	M	E	A	G	F	D	T	Y	T	R	E	T	Y	S
N	T	H	T	H	V	D	H	A	B	L	A	D	O	R	D	N	E
Q	G	P	Y	I	C	T	J	Q	N	U	I	E	G	T	V	I	G
U	H	J	E	S	O	U	K	A	U	T	M	W	A	Y	S	L	U
I	J	S	S	W	T	F	C	O	N	S	E	R	V	A	D	O	R
L	O	D	A	Q	N	P	Ñ	U	O	L	L	O	V	H	S	O	
O	A	T	S	I	M	I	S	E	P	K	S	K	B	Z	J	V	P
P	M	R	E	V	M	O	D	I	T	R	E	V	O	R	T	N	I

UNIDAD 3

1. a) falso; b) verdadero; c) verdadero; d) falso.

2. 1. b); 2. e); 3. a); 4. c); 5. d).

3. ESTAR: bien, triste, aburrido, regular, estresado, contento, fatal, alegre, mal, enamorado, satisfecho, preocupado.

   DAR: pena, miedo, lástima.

   ENCONTRARSE: bien, regular, fatal, mal.

4. CAROLINA: Estoy **aburrida,** ¿por qué no hacemos algo?

   PAZ: Yo, en cambio, estoy muy **estresada** porque tengo mucho que estudiar y no me da tiempo…

   ENRIQUE: Oye, Paz, me das mucha **pena,** pero no voy a estudiar por ti.

   PAZ: No quiero que estudies por mí… Solo digo que tengo que estudiar, así que podéis ir a **divertiros** vosotros.

   CAROLINA: Vale, ya me he puesto **contenta** solo de pensar que vamos a hacer algo.

   PAZ: ¿Qué vais a hacer? Espero que lo paséis **bien** porque lo que es yo me pongo **de mal humor** solo de pensar todo lo que tengo que estudiar… ¡Uf! Además me encuentro **fatal** y creo que tengo fiebre.

   ENRIQUE: ¡Qué **lástima!** ¡Pobrecita!… Siempre te **deprimes** en los exámenes. Anda, ponte a estudiar.

   PAZ: Y tú siempre estás **bien,** siempre **de buen humor,** cantando, bailando, de fiesta…. ¡Y nunca estudias!

   ENRIQUE: Porque **no soporto** a los aburridos como tú.

   CAROLINA: No os **enfadéis.** Enrique, vámonos al cine. Paz, tú a estudiar.

   PAZ: ¡Esto es amistad! Anda, que os **divirtáis.** Pero ¡no me pidáis luego que estudie con vosotros!

   ENRIQUE: ¡Ni en sueños!

5. 1. Es **triste** amar sin ser amado, pero es más **triste** dormir sin haber cenado.

   2. **Amistad** fuerte llega más allá de la muerte.

   3. Cinco sentidos tenemos y los cinco necesitamos, pero los cinco perdemos cuando nos **enamoramos.**

   4. La **alegría** es un tesoro que vale mucho más que el oro.

   5. Lo **aburrido** y cotidiano es malo.

   6. Lo poco agrada y lo mucho **enfada.**

SOLUCIONES

6.

Crucigrama:
1→ ENAMORADA
2→ DEPRIMIDA
3→ ESTRESADA
4→ DIVERTIDA

Verticales: BIEST, TAL(IST)RI, CONTENTA, BUN(T)...

7.

Alegrarse	+
Dar miedo	−
Aburrirse	−
Enfadarse	−
Disfrutar	+
Ponerse contento	+
Divertirse	+
Encontrarse mal / fatal	−
Estresarse	−
Ponerse de mal humor	−
Dar pena / lástima	−
Encontrarse bien	+
Enamorarse	+
Deprimirse	−

Posibles respuestas

POSITIVOS:

• Alegrarse: Hay que alegrarse por todo lo bueno de la vida.

• Ponerse contento: Me pongo contento cuando sale el sol después de llover.

NEGATIVOS:

• Dar pena: ¿No te da pena ver a Luis tan triste?

• Aburrirse: Mis primos se aburrieron viendo esa película.

8.

VERBO	SUSTANTIVO	ADJETIVO
divertirse	diversión	divertido
aburrirse	aburrimiento	aburrido
deprimirse	depresión	deprimido
enamorarse	enamoramiento	enamorado
alegrarse	alegría	alegre
estresarse	estrés	estresado
enfadarse	enfado	enfadado
preocuparse	preocupación	preocupado
satisfacer	satisfacción	satisfecho

9. 1. Se encuentra mal / fatal. 2. Está deprimido / triste. 3. Está enfadado / de mal humor. 4. *Se aburre / Está aburrido*. 5. Está enamorado. 6. Está preocupado / Tiene miedo.

UNIDAD 4

2. a) falso; b) verdadero; c) verdadero; d) falso.

3. 1. soltera; 2. separados; 3. viudo; 4. divorciados.

4. 1. b); 2. f); 3. g); 4. e); 5. a); 6. d); 7. c).

5. 1. viudo; 2. soltera; 3. separación; 4. matrimonio; 5. comprometerse.

6. Enamoramiento, noviazgo, vivir en pareja, casarse, separarse, divorciarse.

7. ¿Qué ocurre últimamente con las relaciones de pareja?

Las encuestas dicen que cada cinco minutos se produce una **separación** o un **divorcio** en España y que las rupturas matrimoniales aumentan cada año.

El gobierno ha agilizado los procesos, de forma que una **pareja** se puede **divorciar** directamente sin necesidad de **separarse** previamente.

Cada uno da sus razones. Unos dicen que el **enamoramiento** puede durar como máximo cuatro años y que muchas parejas **se rompen** llegado ese momento.

-200-

SOLUCIONES

Además, las personas cambian y, obviamente, no se quiere lo mismo a los 25 años que a los 35, y cada vez parece ser más difícil la **convivencia.** Otros dicen que tanto el hombre como la mujer trabajan muchas horas y el estrés no les permite cuidar y cultivar su **relación** amorosa. De hecho, resulta mucho más fácil conservar una relación de **amistad** o de **trabajo** que una **relación** de pareja, ya que tener una **pareja** estable implica ser paciente y no **discutir** cada vez que surja un problema.

En fin, parece que las relaciones nacen con fecha de caducidad.

8. 1. obedecer; 2. enamorarse; 3. caer mal; 4. educar.

9.

VERBO	SUSTANTIVO
Adoptar	**Adopción**
Divorciarse	**Divorcio**
Separarse	Separación
Discutir	Discusión
Educar	Educación
Obedecer	Obediencia
Convivir	Convivencia
Enamorarse	Enamoramiento
Comprometerse	Compromiso

10.
1. Sepárate.
2. No te cases.
3. Pide el divorcio.
4. Inscríbete como pareja de hecho.

11.

Horizontales: 1. ADOPTIVA; 2. VIUDA; 3. DIVORCIO; 4. OBEDECE; 5. SOLTERO.
Verticales: 1. PAREJA HECHA; 2. MADRINA; 3. LLEA; 4. DISTANT; 5. NOVIAZGOS.

UNIDAD 5

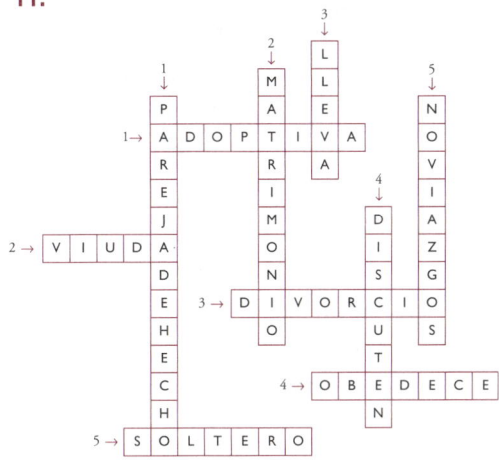

2. a) fiesta tradicional; b) evento social; c) celebración religiosa; d) gran comida; e) asistente; f) obsequio.

3. ORGANIZAR: una fiesta, un banquete. CELEBRAR: un cumpleaños. RECIBIR: un regalo, una invitación. ENTREGAR: un regalo, una invitación. ENVOLVER: un regalo.

4. 1. Decidir el tipo de fiesta. 2. Decidir el lugar donde se va a celebrar. 3. Decidir qué comida y bebida se va a servir. 4. Decidir quién va a tocar la música. 5. Decidir la lista de los invitados. 6. Enviar las invitaciones. 7. Confirmar el número de invitados que han confirmado su asistencia.

6. a) falso; b) verdadero; c) falso; d) falso; e) falso; f) verdadero.

7. 1. cumpleaños / regalo; 2. banquete / brindis; 3. disfraces; 4. cumpleaños; 5. envueltos; 6. asistencia

8. ALEX: Roberto se marcha de voluntario un año a Mozambique y he pensado que podíamos organizarle una **fiesta** sorpresa.

-201-

SOLUCIONES

NURIA: ¿A quién has pensado **i**nvitar? Es importante saber cuántos vamos a ser.

ALEX: A todos los compañeros de clase, a sus hermanos y a sus padres, pero creo que van a ser muchos **i**nvitados.

JOAQUÍN: Sí, es mejor que solo invitemos a los compañeros de clase. Seguro que su **familia** le organiza una reunión familiar con un b**anquete** en un restaurante.

NURIA: Sí, porque nosotros no tenemos dinero para **o**rganizar un banquete. ¿Dónde va a ser la f**iesta?**

ALEX: Había pensado en una fiesta i**nformal** en el garaje de mi casa, con música y comida para picar, pero nada de estar sentados, nada formal.

JOAQUÍN: Nuria se puede encargar de enviar un correo electrónico a todos los de la clase con las i**nvitaciones** para la fiesta.

NURIA: Muy bien. Me encargaré de que todos los invitados confirmen su a**sistencia.**

ALEX: No hay que olvidarse de comprar cava para hacer un b**rindis** al final y desearle mucha suerte en Mozambique.

JOAQUÍN: Y también tenemos que comprarle un r**egalo.**

NURIA: Sí, para que lo a**bra** justo después del brindis.

9. 2.

10. Brindar, celebrar, invitar, regalar, festejar, comer, beber, reunir(se), cumplir, asistir.

11. 1. invitaciones; 2. envolver; 3. luna de miel; 4. una fiesta informal; 5. aniversario; 6. de disfraces.

12. 1. c); 2. e); 3. a); 4. b); 5. d).

UNIDAD 6

2. a) verdadero; b) falso; c) verdadero; d) falso; e) verdadero; f) falso; g) verdadero.

3. 1. experiencia reconocida o demostrada; 2. disponibilidad total; 3. contrato temporal; 4. estabilidad laboral; 5. formación continua.

4. 1. e); 2. l); 3. a); 4. f); 5. b); 6. j); 7. k); 8. i); 9. m); 10. h); 11. c); 12. d); 13. g).

5. 1. sindicato – empresa – subida salarial; 2. sustituta – contrato; 3. posibilidad de promoción – puesto de trabajo; 4. demanda de empleo – oferta de empleo; 5. jubilación anticipada – pensión.

6. —Hola, tío, ¿qué tal estás?

—Bien, hijo, estoy recién **jubilado** y ahora puedo dedicarme a disfrutar del tiempo.

—Qué suerte, tío, porque después de casi cuarenta años, supongo que te habrá quedado una buena **pensión.**

—Sí, sí, no me quejo. ¿Y tú? ¿Cómo te va?

—Yo estoy empezando ahora mi vida laboral. Te llamo para darte la noticia: me han hecho por fin un contrato fijo después de estar casi dos años de **becario** / **estudiante en prácticas** en la empresa.

—¡Qué buena noticia! Pero… ¡si me dijiste que estaban **despidiendo** / **echando** gente!

—Sí, despidieron a algunos compañeros de otro departamento, pero también **promocionaron** a otros.

—¡Oye! ¿Y cuánto vas a ganar? Supongo que te habrán subido el **sueldo** después de tanto tiempo.

—Sí, claro, aunque no mucho. Pero lo importante ahora es que me renovaron el contrato y puedo seguir haciendo planes de futuro.

—¿Qué puesto ocupas? ¿Sigues como

SOLUCIONES

administrativo en el departamento de ventas?

—No, ahora soy el responsable del departamento de contabilidad. Firmo el **contrato** precisamente mañana. Por eso te llamaba, porque quiero celebrarlo.

—Cuenta conmigo. Yo jubilado y tú recién **contratado.**

7. 1. Departamento de marketing.
2. Departamento financiero.
3. Departamento de Investigación y Desarrollo (I+D). 4. Departamento de dirección. 5. Departamento comercial.
6. Departamento de producción.
7. Departamento de personal / recursos humanos. 8. Departamento de administración.

8. 1. jubilación; 2. despedir; 3. ventas; 4. huelga.

UNIDAD 7

2. a) verdadero; b) falso; c) falso; d) falso; e) verdadero; f) falso; g) falso.

3. 1. hacer; 2. preparó / hizo; 3. limpiar; 4. programa; 5. tiraste; 6. tender – planchar; 7. Haz; 8. encender.

4. FREGAR: el suelo, los platos.

   HACER: la cama, la compra.

   LIMPIAR: el polvo, los cristales.

   PREPARAR: la comida.

   TENDER: la ropa.

   PASAR: el aspirador.

   SACAR: la basura.

   PROGRAMAR: el horno.

   PONER: la mesa, la lavadora, el lavavajillas.

   ENCHUFAR / DESENCHUFAR: cualquier electrodoméstico.

5. 1. detergente; 2. recogedor – escoba; 3. trapo; 4. sacar; 5. tabla; 6. estropeada.

6. 1. Hay que fregar la cocina porque está muy sucia.

   2. Apaga el lavavajillas, que ya ha terminado.

   3. Tienes la casa muy limpia.

   4. Ya he hecho las camas y he barrido.

7.

SÍ	NO
Pasar el aspirador	Tender la ropa
Encender la televisión	Barrer
Poner la lavadora	Hacer la compra
Programar el vídeo	Fregar el suelo
Enchufar la cafetera	Echar detergente
Planchar	Sacar la basura

8. 1. d); 2. c); 3. b); 4. e); 5. a).

9. 1. desenchufar; 2. sucio; 3. encender; 4. quitar (la mesa).

10. a) Haz la cama; b) Haz la compra; c) Enchufa la cafetera; d) Quita la mesa.

UNIDAD 8

2. a) falso; b) falso; c) verdadero; d) falso; e) verdadero.

3. LÁCTEOS: leche entera, nata, yogur de cerezas, mantequilla. CARNES: chuletas de cerdo, pechuga de pollo, solomillo de ternera. BEBIDAS: vino reserva, licor de café, cerveza, vino blanco, refrescos.
EMBUTIDOS: chorizo, salchichón.
LEGUMBRES: lentejas, garbanzos, judías blancas.

4. BEBIDAS: 1, 2, 3, 6, 8. COMIDAS: 4, 5, 7, 9, 10, 11, 12.

SOLUCIONES

5. 1. infusión; 2. espinacas; 3. yogur; 4. huevo.

6. DIETA BAJA EN CALORÍAS: espinacas, agua, pechuga de pollo, yogur, cerezas.
DIETA ALTA EN CALORÍAS: vino rosado, pasteles de crema, chuletas de cerdo, chorizo, salchichón.

7. 1. e); 2. c); 3. d); 4. a); 5. f); 6. b).

UNIDAD 9

1. a) falso; b) verdadero; c) falso.

2. SALADOS: atún, aceitunas / olivas, embutido. DULCES: merengue, cerezas, flan de huevo. AMARGOS: café. PICANTES: chile / guindilla.

3. Cocer; sazona: sazonar; hervir; cuélalo: colar; pica: picar; rehogar; dore: dorar; troceado: trocear; cortan: cortar; calienta: calentar; sofríe: sofreír.

4. 1. *cocido;* 2. frito; 3. sofrito; 4. asado; 5. hervido; 6. rehogado; 7. dorado; 8. horneado; 9. rebozado; 10. aliñado; 11. quemado.

5. a) rebozados – freír; b) asado – dorado; c) cocer – freír – rehogar; d) aliñar.

6. 1. h); 2. f); 3. g); 4. e); 5. d); 6. b); 7. c); 8. a).

7. a) 8; b) 3; c) 1); d) 6; e) 2. f) 10; g) 7; h) 4; i) 5; j) 9.

8. SALADOS: 1, 3, 5, 6, 7, 9, 11. DULCES: 2, 4, 8, 10, 12.

9. El restaurante que han elegido Luis y Carlos tiene un **menú del día** a buen precio. Por 12 euros pueden elegir de entrada una **tabla de embutidos** o **marisco fresco**. El plato principal siempre incluye carnes, pescados o legumbres. Luis ha pedido **chuletas de cordero muy hechas;** le gustan mucho las que tienen hueso largo. Carlos está de régimen y ha preferido un **pescado al horno,** pero se lo han traído muy soso, sin condimentos, por lo que **no sabe a nada.**

UNIDAD 10

2. 1. f); 2. a); 3. e); 4. c); 5. d); 6. b).

3. 1. pide; 2. ganado; 3. solicitas; 4. concedido.

4. 1. examen oral; 2. repetir curso; 3. tener una asignatura pendiente; 4. sacar buenas notas; 5. hacer un intercambio.

5. 1. Hacer un examen, **un test, una prueba.** 2. Suspender un examen, **un test, una prueba, una asignatura.**
3. Tener una buena nota, **una mala nota, un 10…**
4. Hacer un intercambio, **prácticas.**
5. Repetir una asignatura, **un curso.**

6. PEPE: Ha dicho la profesora de Geografía que ya ha **corregido** los exámenes. Vamos a ver las notas.

   IRENE: A ver si esta vez **tienes una buena nota,** porque en el control de ayer tuviste muy mala suerte.

   PEPE: Es porque no me dio tiempo de **estudiar.**

   IRENE: Mira, has **suspendido** con un 4. En cambio, en Matemáticas **tienes** un 10, matrícula de honor.

   PEPE: Tengo que **estudiar** más Geografía. Y tú, ¿qué tal?

   IRENE: Yo no tenía que **hacer** el examen de Geografía.

   PEPE: ¿Por qué?

   IRENE: Porque el año pasado no estudié mucho y este año **repito** curso.

   PEPE: ¡Con lo fácil que es! Tómatela en serio o te volverá a **quedar.**

Soluciones

IRENE: Pues sí, se me ha atravesado esa asignatura. Voy a estudiar para **sacar,** por lo menos, un aprobado.

8. a) verdadero; b) verdadero; c) falso; d) verdadero; e) falso.

9. 1. biblioteca; 2. beca; 3. campus; 4. laboratorio; 5. escuela / colegio; 6. matrícula.

10. 1. Vamos a la videoteca de la universidad a revisar unos vídeos. 2. Nos vemos en la sala de estudio. 3. La profesora no ha corregido los exámenes todavía / no ha corregido todavía los exámenes. 4. Ya he completado mis prácticas laborales. 5. El intercambio ha sido una gran experiencia. 6. He aprobado las Ciencias Sociales con un siete.

11. FELIPE: Oye, ¿te vienes?

    MANOLO: ¿Adónde vas?

    FELIPE: Voy a la **secretaría** de la universidad a que me **devuelvan** el dinero de la **matrícula**.

    MANOLO: ¿Por qué?

    FELIPE: Porque este año me han otorgado una **beca.**

    MANOLO: A mi hermana también le han dado una en el **colegio.**

    FELIPE: ¿Qué tal le va? ¿Dónde estudia?

    MANOLO: Va a un **colegio público.**

    FELIPE: Bueno, ¿vienes o no? Luego me voy a pasar por la **videoteca** a devolver esta película.

    MANOLO: Vale, te acompaño, que yo también voy a entregar este libro en la **biblioteca.**

13. 1. máster; 2. doctorado; 3. Bachillerato; 4. Formación Profesional.

14.

ESTUDIOS	PERSONA
bachillerato	bachiller
doctorado	**doctor**
licenciatura	**licenciado**
universidad	universitario
grado	graduado

15. 1. terminado; 2. estudiando; 3. empiezas; 4. hacer.

16. 1. d); 2. a); 3. c); 4. b).

17. 1. universidad; 2. máster; 3. Formación Profesional; 4. grado medio.

UNIDAD 11

2. 1. batería (no es un instrumento de cuerda); 2. guitarra (no es un instrumento de viento); 3. trompeta (no es un instrumento de percusión).

3. a) el piano; b) el violín; c) el tambor; d) la guitarra.

4. 1. d); 2. b); 3. e); 4. a); 5. f); 6. c).

5. 1. Siempre está con la misma canción.

   2. Eso me suena a música celestial.

   3. Mi madre me va a cantar las cuarenta.

   4. Vete con la música a otra parte.

   5. Caridad y amor no quieren tambor.

   6. A ver si suena la flauta.

6. 1. clarinete; 2. batería; 3. trompeta; 4. violonchelo; 5. flauta; 6. tambor; 7. violín; 8. guitarra; 9. saxofón; 10. orquesta.

7. El tango es un **baile** típico de Argentina que se baila en parejas. Los **bailarines**

SOLUCIONES

bailan abrazados de forma muy sensual. La **música** se basa en ritmos africanos y españoles. Las **letras** de las **canciones** expresan los sentimientos de la clase trabajadora sobre el amor, el trabajo, el paso del tiempo, los recuerdos, la política… Carlos Gardel fue un gran **compositor** y **cantante** porque no solamente escribía sus canciones sino que también las cantaba.

8. 1. director – orquesta; 2. pianista – compositor; 3. tocaba; 4. bailarín; 5. violín; 6. trompetista; 7. saxofonista; 8. batería.

9. 1. f); 2. d); 3. e); 4. a); 5. c); 6. b).

UNIDAD 12

2. a) falso; b) falso; c) verdadero; d) falso; e) falso.

3. ESCULTURA: 1, 9, 10, 11. PINTURA: 2, 4, 5, 8. ARQUITECTURA: 3, 6, 7.

4. –Necesito adquirir cuadros **abstractos** para la galería.

   –Pues hay una feria ahora de pintores noveles de varios estilos.

   –Sí, lo sé. Conozco algunos **impresionistas**.

   –Se nota que te gusta ese estilo. Tienes la tienda repleta de láminas de Van Gogh.

   –Es mi preferido, pero me encanta también el arte antiguo y religioso. Recientemente inauguré en una **iglesia** una **exposición** de pintura **románica**.

   –La recuerdo bien. Tuvo muchísimo éxito.

   –En realidad, me gusta la mezcla de **estilos**. Tengo muchísimas ganas de crear una exposición de pintura **realista** y surrealista.

   –¡Será un éxito! ¡Seguro!

5. ARQUITECTURA: arte – construir – arquitecto – arquitecta. ESCULTURA: arte – figuras – madera – escultor – escultora. PINTURA: arte – color – pintor – pintora.

6. 1. Mezquita – sinagoga – catedral. 2. Mármol – color – ladrillo. 3. Puente – retrato – estatua.

7. 1. c); 2. a); 3. e); 4. b); 5. d).

UNIDAD 13

1. a) falso; b) falso; c) verdadero; d) verdadero; e) falso.

2. 1. capítulo; 2. dramaturgo; 3. acto; 4. autor; 5. pintura.

3. 1. novela histórica; 2. novela de aventuras; 3. novela policíaca; 4. novela romántica; 5. novela de ciencia ficción; 6. autobiografía / memorias; 7. biografía; 8. cómic; 9. poesía; 10. (obra de) teatro.

4. 1. c); 2. f); 3. d); 4. a); 5. e); 6. g); 7. b).

5.

				2↓			3↓			4↓				
				P			N							
2→		N	O	V	E	L	A		1→	O	B	R	A	D E T E A T
				R			V			R				
4→		V	E	R	S	O			3→	A	U	T	O	R
1↓	C			O		5→	L	I	T	E	R	A	T	U R A
	A			N			S			T				
6→	P	R	O	T	A	G	O	N	I	S	T	A		
	I			J						A	7→	T	R	A D U C T
	T			E						G				
	U			S						8→	P	O	E	T A
	L													
	O													

6. 1. dramaturgo – poema / poesía. 2. novelista – traductor. 3. cómic – poema. 4. novela – poesía. 5. capítulo – obra de teatro.

SOLUCIONES

UNIDAD 14

2. 1. Es un arte y un entretenimiento. 2. Que no tenían sonido. 3. Estados Unidos e India. 4. Un texto con la traducción de los diálogos de la película. 5. Permiten oír la voz original del actor. 6. No hay que leer.

3. 1. k); 2. f); 3. a); 4. h); 5. d); 6. c); 7. g); 8. j); 9. l); 10. b); 11. e); 12. i).

4. –¿Te apetece ir al cine?

–Sí, mucho. Hace tiempo que no vamos y hay nuevos estrenos que me apetece ver.

–¿Qué hacemos? ¿Miramos la **cartelera** y elegimos?

–Vale, ¿qué **sesión** prefieres?

–Yo prefiero la última, porque en la primera **sesión** me entra un sueño…

–Bueno, a ver…, ¿qué quieres ver? ¿Drama, comedia, aventuras…?

–Una buena y entretenida, por favor.

–¿Has visto la última de Woody Allen?

–No, ¡y quiero verla! Es un genio como **director** y sus **guiones** son muy originales. Sobre todo me gusta cuando él es el **actor** principal.

–Pues nada, si te parece saco dos **entradas** para la sesión de las 20:30 en el cine del barrio.

–Ay, no. Que en ese cine solo **ponen** películas dobladas. ¡Vamos a verla en **versión original**!

–Pues entonces vamos al centro, allí hay cines para todos los gustos.

5. 1. actor; 2. asiento – subtítulos – pantalla; 3. entradas – alquilar – vídeo – DVD; 4. estreno; 5. ponen; 6. final – comedias; 7. espectador – entradas; 8. cartelera.

6. 1. documental. 2. de guerra. 3. de ciencia ficción. 4. de acción. 5. de dibujos animados. 6. comedia. 7. de terror. 8. musical. 9. romántica. 10. del oeste.

UNIDAD 15

2. a) verdadero; b) verdadero; c) falso; d) falso; e) verdadero.

3. SER AFICIONADO A: (la) jardinería, (al) bricolaje, (la) cocina, (los) crucigramas. COLECCIONAR: monedas, sellos. ESTAR: libre, ocupado. TENER: tiempo libre. PASARLO: bien, mal.

4. 1. emisora; 2. locutor; 3. documental; 4. episodio; 5. debate.

5. Disfrute de su descanso en nuestra web

En estos tiempos de crisis, si no quiere gastar dinero y no sabe qué hacer en su **tiempo libre** durante sus **vacaciones,** le ofrecemos algunas opciones de **ocio** para elegir:

a) Si es usted una persona a la que le gusta hacer **crucigramas,** descubrirá toda clase de pasatiempos pulsando aquí.

b) Si opta por la **cocina,** le ofrecemos las recetas más exquisitas de la gastronomía española. Pulse aquí.

c) ¿Quiere coleccionar **sellos?** Aquí los encontrará de todos los países del mundo.

d) Si se divierte viendo **televisión,** aquí puede consultar la programación de todos los canales.

e) Si hace **colección** de monedas, aquí encontrará aficionados para intercambiar, vender o comprar.

f) Tal vez lo que le gusta es la **jardinería.** Pulse aquí para ver cómo cuidar sus plantas.

g) ¿Desea entretenerse con el **bricolaje?** Las mejores herramientas están aquí.

Soluciones

h) En fin, si es aficionado al **descanso** y a no hacer nada, <u>aquí</u> le ofertamos toda clase de sofás.

6. 1. CAMBIAR: de canal, de cadena, de emisora. 2. CONSULTAR: la programación. 3. VER: la televisión, una película, un programa (un concurso, un culebrón, una serie, los informativos, debates, documentales). 4. RETRANSMITIR: un partido. 5. PASAR: el rato.

7. CARMEN: ¿Qué estás viendo?

   MARTA: Una **telenovela** interesantísima.

   CARMEN: ¡Puaf! A mí no me gustan los **culebrones**.

   MARTA: A ti no te gusta nada, ni las **series** ni los **debates** ni los **documentales**.

   CARMEN: Es que es todo **telebasura**.

   MARTA: Todo no. ¿Quieres que ponga el **informativo**?

   CARMEN: Pero cambia de **canal**.

   MARTA: Aquí hay un **concurso**. Vamos a ver en las **cadenas** privadas, pero antes consultemos la **programación**.

   CARMEN: ¡Mira! ¡Ponen una **película** en la cadena regional!

   MARTA: ¡Ni hablar! Prefiero seguir con el **capítulo** 123 de mi serie. Además, a ti no te gusta la tele… Vete a escuchar la **radio**.

   CARMEN: De acuerdo. De hecho, ahora hay una retransmisión deportiva en una **emisora** de deportes.

   MARTA: Pues vete a escuchar el partido, ¡pero a otra habitación!

   CARMEN: ¡Cómo te pones por nada!

8. 1. informativo; 2. canal – debate; 3. serie; 4. concurso; 5. documentales; 6. retransmisión; 7. cadena – película – anuncios; 8. programa – pasar el rato.

9. a) retransmisión deportiva; b) telenovela; c) concurso; d) documental; e) debate.

UNIDAD 16

1. a) verdadero; b) verdadero; c) falso.

2. NO COMPARTIR: ir / estar de copas, ir de fiesta, salir de tapas, colaborar como voluntario, bucear. COMPARTIR: visitar un parque acuático, ir de excursión, ir de picnic, tomar el sol, hacer turismo.

3. 1. inscribí; 2. curso; 3. cocina; 4. fiesta / marcha; 5. sombrilla; 6. arena; 7. tomar; 8. voluntario; 9. copas; 10. parque acuático; 11. bucear.

4. 1. ir / estar / salir; 2. hacer; 3. ir / salir; 4. hacer; 5. hacer; 6. ir / salir; 7. ir / salir; 8. ir / estar / salir; 9. hacer. 10. ir / estar / salir.

5.

Acción	Persona que realiza la acción
Ir de excursión	Excursionista
Hacer senderismo	**Senderista**
Bucear	**Buceador**
Hacer turismo	**Turista**
Hacer escalada	Escalador

6. 1. dar; 2. tapas; 3. estuvimos; 4. bucear; 5. escaladora.

UNIDAD 17

2. 1. monumentos; 2. naturaleza; 3. callejero; 4. museos; 5. cabañas.

3. 1. turismo de aventura; 2. turismo de sol y playa; 3. turismo de negocios, 4. turismo cultural; 5. turismo rural.

4. 1. d); 2. f); 3. a); 4. e); 5. b); 6. c).

-208-

SOLUCIONES

5. 1. tripulación; 2. viajeros; 3. barco; 4. navegará; 5. crucero; 6. escala; 7. tranvía; 8. equipaje; 9. camión; 10. maletas; 11. billete; 12. subirse; 13. planos turísticos; 14. bajarse; 15. parada; 16. helicóptero; 17. globo; 18. barca.

6. 1. camión; 2. barca; 3. globo; 4. parapente; 5. tranvía; 6. helicóptero.

UNIDAD 18

2. a) falso; b) verdadero; c) verdadero; d) falso; e) falso.

3. 1. c); 2. d); 3. a); 4. b).

4. a) verdadero; b) falso; c) falso; d) verdadero.

5. 1. b); 2. a); 3. c); 4. d).

6. 1. casco; 2. cinturón de seguridad; 3. atasco; 4. volante; 5. respetar – señales de tráfico; 6. hacer el stop; 7. poner gasolina; 8. aparcar; 9. ceder el paso – circular; 10. motor; 11. pinchar una rueda; 12. multa; 13. avería.

7. a) 7; b) 5; c) 6; d) 4; e) 2; f) 3; g) 1.

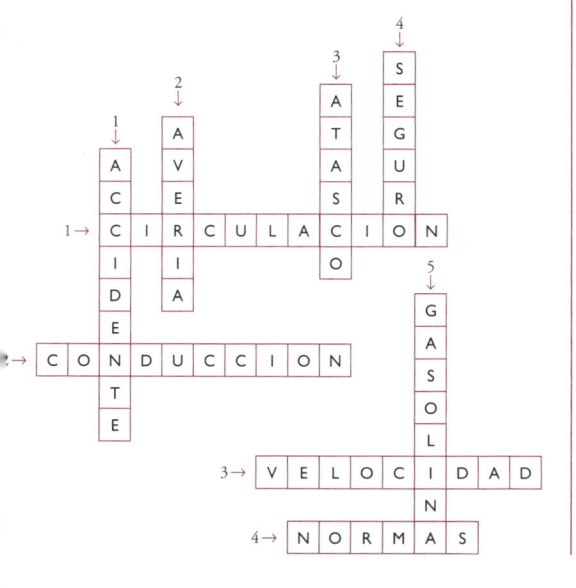

8. Crucigrama:
- 1→ CIRCULACION
- 1↓ ACCIDENTE
- 2↓ AVE
- → CONDUCCION
- 3↓ ATASOCION
- 3→ VELOCIDAD
- 4↓ SEGUROS... NORMAS
- 4→ NORMAS
- 5↓ GASOLN

UNIDAD 19

2. a) falso; b) verdadero; c) falso; d) falso.

3. 1. divertirse; 2. cobertizo; 3. abeja; 4. campesino.

4. 1. arar / cultivar; 2. cortar; 3. pusieron; 4. recolecta / recolectaba; 5. cepillen; 6. ordeñar.

5. 1. c); 2. d); 3. a); 4. b).

6. 1. hortalizas; 2. maceta; 3. miel; 4. huerta / huerto; 5. tronco.

7. 1. b); 2. c); 3. a).

8. Para **cultivar** una planta sana se deben seguir estos pasos:

En primer lugar, hay que **plantar** las **semillas** en un **semillero.**

Después, se han de **regar** periódicamente hasta que **broten** las primeras hojas y, entonces, hay que **transplantar** la planta con cuidado a una **jardinera,** donde habrá que volver a **regarla** abundantemente.

Cuando empiece a **florecer,** es el momento de **cortar** las flores para que luzcan todo su esplendor en un **ramo.**

UNIDAD 20

2. 1. las cebras, las jirafas, los elefantes y las tortugas; 2. los leones, tigres, osos, cocodrilos y las serpientes; 3. las águilas y los buitres; 4. los delfines; 5. el flash; 6. el zum; 7. el trípode; 8. en una tarjeta de memoria.

3. 1. elefante; 2. jirafa; 3. cebra; 4. oso; 5. avestruz; 6. delfines; 7. tigres; 8. mono.

4. **MAMÍFEROS**: mono, elefante, oso, delfín, león, cebra, foca, tigre, jirafa, ballena.

AVES: águila, avestruz, buitre.

REPTILES: cocodrilo, serpiente, tortuga.

Soluciones

5. 1. c): el elefante; 2. e): la serpiente; 3. a): el delfín; 4. f): el avestruz; 5. d): la foca; 6. b): la tortuga.

6. 1. curso; 2. fotógrafa; 3. álbumes; 4. cámara tradicional; 5. revelar; 6. copias; 7. cámara digital; 8. trípode; 9. imprimir; 10. medir; 11. flash; 12. zum; 13. botón de disparo; 14. sacar; 15. objetivo.

7. 1. c); 2. e); 3. b); 4. d); 5. a).

8. a) 4; b) 3; c) 5; d) 2; e) 1.

9. 1. fotógrafos – blanco y negro; 2. sacar; 3. enfocar; 4. revelar; 5. imprimir; 6. flash; 7. objetivo; 8. copia; 9. álbum.

UNIDAD 21

2. b).

3. 1. snowboard – patinaje; 2. hockey sobre hielo – pelota; 3. piragüismo – ala delta; 4. esquí de fondo – hockey sobre hielo.

4. 1. esquí de fondo; 2. piragüismo; 3. hockey sobre hielo; 4. patinaje sobre hielo; 5. tirarse en trineo; 6. snowboard; 7. esquí alpino; 8. ala delta.

5. 1. esquiador; 2. esquiador; 3. jugador de hockey; 4. patinador; 5. piragüista.

6. 1. pies; 2. deslizarse; 3. hielo; 4. cruzar; 5. congelados; 6. cuchillas; 7. bota; 8. patín; 9. patinadores; 10. movimientos; 11. música; 12. ballet.

7. 1. bota; 2. esquí de fondo; 3. piragüismo; 4. patinar; 5. esquiador; 6. tabla; 7. cuchillas; 8. piragua; 9. palo; 10. pista; 11. patín; 12. trineo; 13. ala delta; 14. bastones; 15. patinadores; 16. esquí alpino.

UNIDAD 22

2. a) falso; b) verdadero; c) falso; d) falso; e) falso; f) verdadero.

3. A) El **fútbol** y el **béisbol** son los deportes más populares del mundo hispano. Millones de personas **practican** estos deportes y siguen con gran expectación los **partidos** de sus **equipos** favoritos.

B) En el **fútbol** juegan dos **equipos** de once **jugadores** cada uno. Los jugadores **corren** detrás de un balón con el objetivo de meterlo en la **portería** del otro **equipo**. Cuando un **jugador** mete el **balón** en la portería del equipo contrario se llama gol. El equipo ganador es el que más **goles** mete.

C) El **béisbol** es también un deporte de equipo en el que juegan dos equipos de nueve **jugadores** cada uno. Un equipo golpea una **pelota** con un **bate** y **corre** por el **campo** buscando alcanzar la mayor cantidad de bases posibles hasta dar la vuelta a la base desde donde se bateó. Los puntos que consigue se llaman carreras. Mientras, el otro equipo tiene que buscar la **pelota** antes de que el **bateador** llegue primero a una de las **bases** o consiga una **carrera**. El equipo **ganador** es el que consigue más carreras.

4. 1. deportista; 2. entrenador; 3. árbitro; 4. futbolista; 5. beisbolista; 6. aficionado; 7. empate / empatar; 8. jugador; 9. equipo; 10. perdedor.

5. 1. gol; 2. portería; 3. aficionado; 4. silbato; 5. marcar.

6. 1. partido; 2. pitó; 3. bateador; 4. perdió; 5. árbitro – jugador – penalti – el silbato.

7.

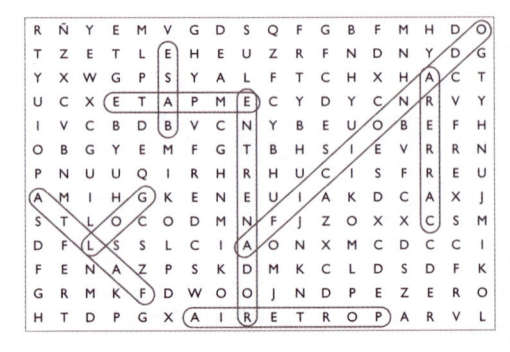

UNIDAD 23

2. a) falso; b) verdadero; c) falso; d) verdadero; e) falso; f) falso.

3. 1. en oferta; 2. al contado; 3. subir el precio; 4. hagan un descuento; 5. comprará por Internet.

4. Las formas de pago: al contado, a plazos, con cheque, con tarjeta.

   El precio de los productos: subir / bajar el precio, rebajas / rebajar, descuento, oferta, precio especial, ¿cuánto es en (moneda)?

   La compra desde casa: comprar por Internet, comprar por catálogo.

5. 1. contado; 2. rebajas / ofertas; 3. garantía; 4. catálogo / Internet; 5. descuento.

6. 1. Dijo que quería pagar con cheque. 2. Pronto habrá rebajas en el centro comercial. 3. Compró el televisor por catálogo y lo devolvió. 4. En la tienda me hicieron un buen descuento.

7. El precio: subir, bajar, rebajar. Una devolución / un cambio: hacer. Un descuento: hacer, tener. Rebajas: ir de, haber. Garantía: tener, pedir.

8. a) 3; b) 6; c) 9; d) 1; e) 4; f) 7; g) 2; h) 5; i) 8.

9. 1. c); 2. e); 3. d); 4. a); 5. b).

10. 1. oferta; 2. descuento; 3. garantía; 4. precio; 5. catálogo; 6. plazos; 7. devolución; 8. rebajas.

UNIDAD 24

2. a) falso; b) verdadero; c) verdadero; d) verdadero; e) falso.

3. 1. vestido estampado; 2. corbata; 3. minifalda – blusa; 4. número; 5. zapatos de tacón – botas.

4. 1. c); 2. a); 3. d); 4. b).

5. 1. pantalón; 2. vestido; 3. blusas; 4. sandalias; 5. horrible; 6. de nailon.

6. Moderna, elegante, confortable, flexible, suave, personal.

7. 1. d); 2. b); 3. f); 4. h); 5. g); 6. a); 7 i); 8 c); 9 e).

8. 1. calzo; 2. sientan; 3. algodón; 4. combinan; 5. llevar – lisa – elegante – anticuadas; 6. de tacón; 7. lana – quedan – estrechos.

9.

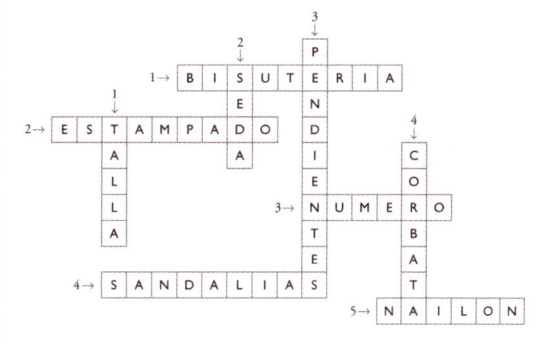

					2		3					
					↓		P					
1→		B	I	S	U	T	E	R	I	A		
	1				E		N					
	↓									4		
2→	E	S	T	A	M	P	A	D	O			
	A				A		I			C		
	L						E			O		
	L					3→	N	U	M	E	R	O
	A						T			B		
							E			A		
4→	S	A	N	D	A	L	I	A	S	T		
						5→	N	A	I	L	O	N

UNIDAD 25

2. a) falso; b) falso; c) verdadero; d) falso; e) falso.

3. COMPRA: Ventajas: la vivienda sube de valor con los años. Inconvenientes: generalmente hay que pagar hipoteca y correr con todos los gastos de mantenimiento.

   ALQUILER: Ventajas: el casero se encarga de la reparación de las averías; a veces también paga la calefacción y la comunidad. Inconvenientes: puede subir el precio del alquiler; hay que pagar por adelantado uno o dos meses.

4. 1. b); 2. d); 3. c); 4. e); 5. a).

5. RAÚL: ¡Hola, Pepa! ¿Dónde vas tan contenta?

   PEPA: Hola, Raúl. ¡Es que voy al banco a firmar la **hipoteca** de mi casa! Me he comprado un **piso**.

Soluciones

RAÚL: ¿Y por eso estás contenta?

PEPA: Pues sí, mucho.

RAÚL: Pero ahora tendrás un montón de gastos. Las **facturas** de la calefacción, la comunidad…

PEPA: Ya, y también el **seguro del hogar.**

RAÚL: ¿Eso también? ¿Y para qué sirve?

PEPA: Por si tienes una **avería** en casa.

RAÚL: Pues ¿sabes qué? Yo prefiero vivir de **alquiler.** Pagas una **fianza,** firmas un **contrato** y te olvidas. Y el **casero** se encarga de las reparaciones e incluso muchas veces él paga los gastos de comunidad.

PEPA: Ya, pero yo seré **propietaria** de mi **vivienda.** ¡Será de mi **propiedad!**

RAÚL: Bueno, yo diría que por mucho tiempo será más bien del banco, ja, ja.

6. 1. luminoso; 2. la factura; 3. propietario / casero; 4. comunidad; 5. edificio; 6. la mudanza.

7. SI QUIERE SER **PROPIETARIO**

• Construimos **VIVIENDA NUEVA**

– **bloques de pisos** con **portero**

– **edificios de apartamentos**

• Tenemos **viviendas de segunda mano** amplias y **luminosas.**

• Pague una **hipoteca** por el precio de un **alquiler.**

SI ES USTED **DUEÑO** DE UN PISO Y DESEA ALQUILARLO, CONFÍE EN NOSOTROS.

• Buscamos al **inquilino** ideal.

• Gestionamos la **firma del contrato.**

• Cobramos por usted el **recibo del alquiler.**

SI QUIERE VIVIR EN UN **PISO ALQUILADO**

• Buscamos la **casa** apropiada para usted.

• Tramitamos todos los servicios: **luz, comunidad, gas, teléfono y agua.**

SI YA HA COMPRADO O ALQUILADO SU VIVIENDA Y NECESITA SERVICIOS DE **MUDANZAS**

• Le ayudamos con su **traslado.**

• Contamos con **camiones de mudanza** propios.

8. 1. Edificio / Bloque de **pisos / viviendas / apartamentos.**

2. Piso de **segunda mano.**

3. Pago por **adelantado.**

4. Vivienda con malas **vistas.**

9.

V	J	A	S	A	O	N	P	R	L	E	K	C	S	Ñ	D	S
R	I	N	Q	U	I	L	I	N	O	D	H	G	G	J	G	D
D	L	F	D	X	R	R	B	V	D	C	B	V	V	K	B	R
F	Ñ	R	E	P	A	R	A	C	I	O	N	B	F	M	H	D
T	Z	E	T	L	T	H	E	U	Z	R	F	N	D	N	Y	F
Y	X	W	O	R	E	S	A	C	F	T	C	H	X	H	J	C
B	C	X	V	F	I	B	X	Ñ	C	Y	D	Y	C	G	U	V
H	V	C	B	D	P	V	C	P	Y	B	E	U	D	B	N	F
U	B	G	Y	E	O	F	F	I	A	N	Z	A	E	V	B	R
N	N	U	U	Q	R	R	H	J	H	U	Q	L	S	F	G	E
M	M	I	H	T	P	E	N	L	U	I	A	Q	D	C	T	X
I	D	L	D	C	O	D	D	A	D	I	N	U	M	O	C	S
O	D	A	E	L	O	S	I	B	O	N	X	I	C	D	C	C
P	E	N	J	Z	P	S	K	F	M	K	C	L	D	S	D	F
L	R	M	K	X	D	W	O	E	J	N	D	E	E	Z	E	R
Ñ	T	D	P	G	X	Q	L	A	H	M	E	R	J	A	R	V

UNIDAD 26

2. a) verdadero; b) falso; c) verdadero; d) verdadero; e) falso.

3. 1. g); 2. f); 3. j); 4. a); 5. h); 6. e); 7. c); 8. i); 9. d); 10. b).

4. 1. un impuesto; 2. un cheque; 3. por cajero; 4. un interés.

SOLUCIONES

5. 1. economistas; 2. ricos; 3. pobres; 4. en vías de desarrollo; 5. riqueza; 6. recursos naturales; 7. pobreza; 8. dinero.

6. 1. Carlos Rodríguez López; 2. hipotecario; 3. en euros; 4. 200.000 €; 5. 107.881,79 €; 6. variable; 7. 719,55 €; 8. mensual; 9. 428,18; 10. sí.

7. 1. cajeros automáticos – en metálico / en efectivo. 2 cobra – comisión. 3. metálico / efectivo. 4. cambio – billetes; 5. suelto. 6. impuestos; 7. entrada; 8. plazo; 9. pobreza; 10. seguro de vida.

UNIDAD 27

2. a) falso; b) falso; c) verdadero; d) verdadero; e) verdadero; f) verdadero; g) falso.

3. 1. d); 2. e); 3. f); 4. c); 5. b); 6. a).

4. 2. traumatólogo/a; 3. oftalmólogo/a; 4. cardiología; 5. dermatología; 6. neurólogo/a.

5. 1. ginecólogo; 2. traumatólogo; 3. cardiólogo; 4. dermatólogo; 5. oftalmólogo / oculista; 6. neurólogo; 7. dentista; 8. cirujano.

6. Tirita: ponerse. Pomada: echarse, ponerse. Termómetro: ponerse. Vacuna: ponerse. Gotas: echarse. Pastillas: tomarse.

Posibles respuestas

Me he puesto una tirita para taponar la herida. **Échate / ponte una pomada** para cicatrizar mejor la herida. **Le puse el termómetro** al niño y tenía 37,5° de fiebre. Todos los años **me pongo la vacuna** contra la gripe para prevenirla. El oftalmólogo me dijo que **me echara dos gotas** cuatro veces al día. **Tomo pastillas** para la alergia cuando llega la primavera.

7. Para curar una herida: tirita, alcohol, algodón, agua oxigenada, pomada.

Para controlar y bajar la fiebre: aspirina, pastillas, termómetro.

Para prevenir una enfermedad: vacuna.

Para curar una infección: antibiótico, gotas.

8. 1. c); 2. d); 3. h); 4. e); 5. g); 6. a); 7. f); 8. b).

9. 1. huesos; 2. vista; 3. embarazada; 4. latir; 5. muelas; 6. opera; 7. depresión; 8. análisis.

10. 1. d); 2. c); 3. e); 4. f); 5. g); 6. a); 7. b).

UNIDAD 28

2. a) Destinatario y remitente; b) Sí, si es pequeño y pesa poco; c) Correo ordinario, correo certificado, urgente y con acuse de recibo; d) Porque es más seguro que llegue en buenas condiciones.

3. 1. c); 2. a); 3. b); 4. e); 5. d).

4. 1. repartir; 2. echar; 3. pega.

5 y 6. Respuesta libre.

UNIDAD 29

2. a) un ratón; b) nombre de usuario; c) descargarse; d) línea ADSL; e) conectarse.

3. 1. abrió; 2. colgar, adjuntar; 3. conectarme; 4. entra; 5. reenvíame; 6. descargarme.

4. 1. intercambiar, buscar; 2. colgar, adjuntar; 3. consultar, entrar en, acceder a; 4. descargarse, bajarse; 5. conectarse a / estar conectado a, navegar por, buscar en; 6. abrir(se), tener; 7. mandar, enviar, reenviar; 8. descargarse, bajarse, instalar(se).

5. 1. navegador; 2. contraseña; 3. teclado; 4. usuario; 5. ratón; 6. adjuntar; 7. pantalla; 8. instalar.

6. Fausto: ¿Cómo hago para enviar un correo con **copia oculta?** También quiero saber cómo **bajarme** un **archivo** y cómo **colgar** una foto.

Patricia: Activa la opción de "Cco" y escribe la **dirección de correo** de la persona (…). Lo siento, pero no sé cómo **colgar** una foto ni un **archivo.** Yo necesito saber

Soluciones

cómo **bajarme / descargarme música.** También quiero comprar un **ratón** inalámbrico de segunda mano.

UNIDAD 30

2. a) teléfono móvil / celular – fijo; b) batería; c) contestador (automático); d) mensajes de texto; e) saldo; f) buzón de voz; g) cobertura – móvil / celular; h) cargador.

3. 1. b); 2. a); 3. d); 4. e); 5. c).

4. 1. saldo; 2. batería; 3. prefijo; 4. comunicando; 5. guía telefónica; 6. extensión; 7. cuelga; 8. cargado; 9. plana; 10. comunicando.

5. Emma: 6; Andrés: 4; Soraya: 5; Rubén: 3; Miguel: 0.

6.

C	O	M	U	N	I	C	A	N	D	O	K	R	S	C	D	S
A	K	N	R	E	H	F	R	H	N	D	H	O	G	G	G	D
R	L	F	D	X	B	R	U	V	D	C	B	D	V	V	B	R
G	Ñ	Y	E	M	V	P	T	S	Q	F	G	A	F	B	H	D
A	Z	E	T	L	F	P	R	U	Z	R	F	T	D	N	Y	F
D	X	W	G	P	R	A	E	E	F	T	C	S	X	H	J	C
O	C	X	V	F	G	B	B	Ñ	F	Y	D	E	C	Y	U	V
R	V	C	B	L	J	V	O	P	Y	I	E	T	D	U	N	F
O	B	G	O	E	M	F	C	M	B	H	J	N	L	D	S	R
P	N	C	U	Q	I	R	H	J	H	U	Q	O	D	L	A	S
A	M	I	H	T	K	E	N	L	U	I	A	C	E	K	O	R
S	D	L	D	C	O	D	M	Y	I	J	Z	L	X	O	F	S

UNIDAD 31

2. 1. robo; 2. acusados; 3. juez; 4. multa; 5. Constitución; 6. denunciar; 7. ilegal; 8. insultar.

3.
VERBO	NOMBRE
Robar	**Robo**
Acusar	Acusado
Insultar	Insulto
Juzgar	**Juicio**
Multar	**Multa**
Golpear	Golpe

Vigilar — Vigilante
Denunciar — Denuncia
Sospechar — **Sospechoso**
Testificar — **Testigo**
Atracar — Atraco

4. 1. cárcel; 2. insultó – juicio; 3. secuestros; 4. Constitución; 5. abogado.

5. 1. c); 2. a); 3. d); 4. b).

6. 1. atraco; 2. robo; 3. secuestro.

7. Una madre **denunció** ayer a su hijo de quince años porque le **robó** la tarjeta de crédito y le sacó 3.000 euros de su cuenta del banco. La madre fue a la **comisaría** para poner una **denuncia** por **robo.** Allí los **policías** le dijeron que no podía denunciarlo por robo, sino por **hurto** porque el muchacho no había empleado la **violencia**. El joven conocía la clave de la tarjeta y tan pronto como **cometió** el **delito** metió la tarjeta en la cartera de su madre. El hijo ha admitido su culpa y ha sido **acusado** de hurto en el **juzgado** número 13 del distrito. Como es menor de edad, sería **ilegal** mandarlo a **prisión** y su caso lo está estudiando un **juez** para ver qué castigo imponerle.

8. 1. b); 2. c); 3. b); 4. c); 5. a); 6. a).

9.

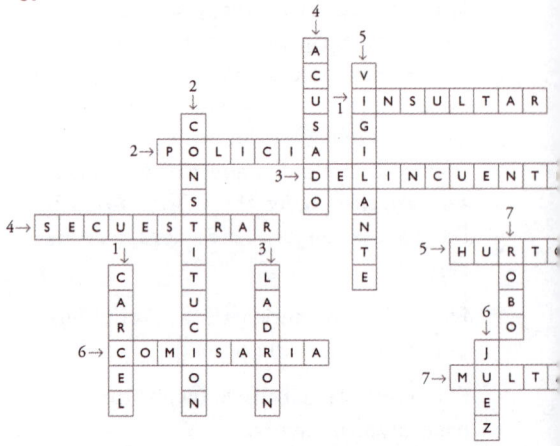

-214-

SOLUCIONES

UNIDAD 32

2. a) falso; b) verdadero; c) verdadero; d) falso; e) verdadero; f) verdadero.

3. Las tres "R" de la **ecología** son:

   1. **Reducir** al máximo el consumo, seleccionando en la compra productos que tengan un menor impacto **medioambiental** y evitando generar **basura** innecesaria.
   2. **Reutilizar**, empleando repetidamente o de diversas formas distintos productos consumibles.
   3. **Reciclar,** utilizando los **residuos** como materia prima para la elaboración de un producto que puede ser igual o distinto al producto de origen. El **reciclado** de materiales es fundamental, ya que permite el ahorro de materias primas y disminuye el consumo de **energía** y agua, al mismo tiempo que reduce la generación de residuos y la **contaminación** que eso produce.

4. **Posibles respuestas**

   A. No todos los residuos son basura, muchos se pueden aprovechar para hacer otros productos.
   B. Reciclar es una postura inteligente.
   C. Hay que clasificar los residuos para ayudar al reciclado.

5.

	AMARILLO (plástico, latas, envases)	AZUL (cartón, papel)	VERDE (vidrio)
revistas		×	
botellas de whisky			×
recipiente de yogur	×		
tarro de mermelada			×
brick de leche	×		
lata de un refresco	×		
caja de galletas		×	
recipiente metálico	×		
periódicos		×	
bolsa de aceitunas	×		

6. 1. ecología; 2. contaminar; 3. contaminación; 4. ahorro.

UNIDAD 33

2. a) verdadero; b) falso; c) verdadero; d) verdadero; e) verdadero.

3. 1. inundación; 2. sequía; 3. huracán; 4. tsunami / maremoto; 5. terremoto; 6. incendio; 7. erupción volcánica.

4. 1. g); 2. e); 3. d); 4. a); 5. f); 6. b); 7. c).

5. 1. tsunami; 2. sequía; 3. epicentro; 4. arrastró; 5. incendios.

6. 1 fuego; 2. inundación – huracán; 3. lava – agua.

7. 1. planeta; 2. naturales; 3. contamina; 4. polución; 5. calentamiento; 6. víctimas.

UNIDAD 34

2. Su índice de masa corporal es de 28,12.

3. 1. metros; 2. gramos; 3. kilogramos / kilos; 4. metros cuadrados; 5. centímetros; 6. kilómetros; 7. litros; 8. kilómetros cuadrados.

4. 1. b); 2. a); 3. c); 4. a).

5. 1. metros; 2. ancho – alto; 3. metros cuadrados; 4. litros / metros cúbicos; 5. caras; 6. lados; 7. milímetros; 8. fondo; 9. diagonal – triángulos.

6. Triángulo: triangular.

   Cubo: cúbico.

   Rectángulo: rectangular.

   Cuadrado: cuadrado.

7.

Círculo	Cuadrado	Rectángulo	Triángulo
Monedas	Servilleta	Armario	Punta de flecha
Sol	Tablero de ajedrez	Televisor	Pico de montaña
Hamburguesa		Puerta	
Sartén		Cama	
Rueda			

SOLUCIONES TEST AUTOEVALUACIÓN

1. c	10. c	19. b	28. c	37. b	46. b
2. a	11. b	20. a	29. a	38. a	47. a
3. c	12. c	21. c	30. c	39. c	48. c
4. a	13. a	22. c	31. c	40. a	49. a
5. a	14. b	23. b	32. b	41. c	50. c
6. c	15. a	24. a	33. c	42. b	51. b
7. c	16. b	25. b	34. a	43. a	52. b
8. a	17. c	26. c	35. a	44. c	53. a
9. b	18. b	27. c	36. a	45. b	54. c

Glosario alfabético

Glosario alfabético

> En este glosario se recogen los términos estudiados en las unidades, seguidos de líneas de puntos, con el fin de que el alumno escriba la traducción a su idioma correspondiente.

Abdominales . . . .
Abeja . . . .
Abogado, a defensor, a . . . .
Abrir una cuenta . . . .
Abstracto, a . . . .
Aburrido, a . . . .
Aburrimiento . . . .
Aburrirse . . . .
Acceder . . . .
Accidente de tráfico . . . .
Aceite de oliva / vegetal . . . .
Aceituna . . . .
Acelerar . . . .
Ácido, a . . . .
Acto (teatro) . . . .
Actor, actriz . . . .
Acuario . . . .
Acusado, a . . . .
Acusar . . . .
Acuse de recibo . . . .
Adelgazar . . . .
Adjuntar . . . .
Adolescente . . . .
Adoptar . . . .
Adquirir experiencia . . . .
Adulto, a . . . .
Afeitarse . . . .
Afición . . . .
Aficionado, a (a) . . . .
Agua . . . .
Agua oxigenada . . . .
Águila . . . .
Agujero . . . .
Ahorro . . . .
Aire . . . .
Ala delta . . . .
Álbum . . . .
Alcohol . . . .

Alegrarse (de, por) . . . .
Alegre . . . .
Alegría . . . .
Algodón . . . .
Alimento . . . .
Aliñado, a . . . .
Alojarse (en) . . . .
Alquilar . . . .
Alquiler . . . .
Alto, a . . . .
Alubia . . . .
Amargo, a . . . .
Amistad . . . .
Análisis de orina / de sangre . . . .
Ancho, a . . . .
Anillo de oro / de plata . . . .
Animal de compañía . . . .
Animal acuático . . . .
Aniversario . . . .
Aniversario de boda . . . .
Antibiótico . . . .
Anticuado, a . . . .
Antivirus . . . .
Anuncio publicitario . . . .
Anuncio de trabajo . . . .
Aparcar . . . .
Apartamento . . . .
Aprender . . . .
Aprender de memoria . . . .
Aprobar . . . .
Aproximarse (a) . . . .
Arar . . . .
Árbitro . . . .
Árbol frutal . . . .
Archivo (informática) . . . .
Área de servicio . . . .
Arena . . . .
Arquitecto, a . . . .

Glosario alfabético

Arquitectura . . . .
Arreglar . . . .
Arrogante . . . .
Arroz . . . .
Arrugarse . . . .
Arte . . . .
Articulación . . . .
Asado, a . . . .
Asiento . . . .
Asignatura . . . .
Asignatura pendiente . . . .
Asistente . . . .
Asistir (a) . . . .
Aspirador . . . .
Aspirina . . . .
Atasco . . . .
Atracar . . . .
Atraco . . . .
Atropello . . . .
Atún . . . .
Aula multimedia . . . .
Autobiografía . . . .
Autopista . . . .
Autor, a . . . .
Ave . . . .
Avería . . . .
Averiado, a . . . .
Avestruz . . . .
Bachiller . . . .
Bachillerato . . . .
Bailarín, a . . . .
Baile . . . .
Bajar el interés (economía) . . . .
. . . .
Bajar los brazos . . . .
Ballena . . . .
Balón . . . .
Banda ancha . . . .
Banda sonora . . . .
Banquete . . . .
Barca . . . .

Barra de labios . . . .
Barrer . . . .
Barriga . . . .
Base (béisbol) . . . .
Base de datos . . . .
Bastón . . . .
Basura . . . .
Bate . . . .
Bateador (béisbol) . . . .
Batería . . . .
Becario, a . . . .
Béisbol . . . .
Beisbolista . . . .
Berenjena . . . .
Biblioteca . . . .
Billete . . . .
Biografía . . . .
Bisutería . . . .
Bizcocho . . . .
Bloque de pisos . . . .
Blusa . . . .
Boda . . . .
Bodas de plata . . . .
Bolso . . . .
Bota . . . .
Botiquín . . . .
Botón de disparo (cámara de fotos) . . . .
. . . .
Bricolaje . . . .
Brindar (por) . . . .
Brindis . . . .
Brotar . . . .
Buceador, a . . . .
Bucear . . . .
Buitre . . . .
Buscador (Internet) . . . .
Buzón de voz . . . .
Cabaña . . . .
Cacahuete . . . .
Caer bien / mal (a alguien) . . . .
Café . . . .

Glosario alfabético

Cafetera . . . .
Cajero automático . . . .
Calabacín . . . .
Calefacción . . . .
Calentamiento global . . . .
Calentar . . . .
Caliente . . . .
Callejero . . . .
Calmante . . . .
Caloría . . . .
Calzar . . . .
Cámara . . . .
Cambiar (dinero) . . . .
Cambiar de canal / de cadena . . . .
Cambio . . . .
Cambio climático . . . .
Caminar . . . .
Camión . . . .
Camisa . . . .
Campesino, a . . . .
Campin . . . .
Campo . . . .
Campus . . . .
Cancelar . . . .
Cantante . . . .
Capa de ozono . . . .
Capacidad . . . .
Capital (dinero) . . . .
Capítulo . . . .
Cara (figura geométrica) . . . .
Caramelo . . . .
Cárcel . . . .
Cardiología . . . .
Cargador de móvil / celular . . . .
Cargar la batería . . . .
Carne . . . .
Carrera . . . .
Carrera universitaria . . . .
Carretera . . . .
Carril bus . . . .
Carta de presentación . . . .

Cartelera . . . .
Cartón . . . .
Casa rural . . . .
Casado, a . . . .
Casarse (con) . . . .
Casco . . . .
Casero, a . . . .
Castillo . . . .
Catedral . . . .
Cebra . . . .
Ceder el paso . . . .
Ceja . . . .
Celebración . . . .
Celebrar . . . .
Celular . . . .
Centímetro (cm) . . . .
Centímetro cuadrado (cm^2) . . . .
Centímetro cúbico (cm^3) . . . .
Centro . . . .
Cepillar . . . .
Cera . . . .
Cerámica . . . .
Cereal . . . .
Ceremonia . . . .
Cereza . . . .
Cerveza . . . .
Césped . . . .
Chaqueta . . . .
Chat . . . .
Cheque . . . .
Chile . . . .
Chocolate . . . .
Chorizo . . . .
Chuleta de cerdo . . . .
Cine . . . .
Cine en blanco y negro . . . .
Cintura . . . .
Cinturón de seguridad . . . .
Circular . . . .
Circular (por) . . . .
Círculo . . . .

Glosario alfabético

Cirujano, a . . . .
Clarinete . . . .
Clarinetista . . . .
Cobertizo . . . .
Cobertura . . . .
Cobrar . . . .
Cocer . . . .
Cocido, a . . . .
Cocodrilo . . . .
Coger el teléfono . . . .
Colaborar como voluntario . . . .
Colar . . . .
Colchoneta . . . .
Colección . . . .
Coleccionar . . . .
Colegio privado / público . . . .
. . . .
Colesterol . . . .
Colgar el teléfono . . . .
Colgar (algo en Internet) . . . .
Collar . . . .
Colmena . . . .
Color . . . .
Columpiarse . . . .
Columpio . . . .
Combinar (con) . . . .
Comedia . . . .
Comercial . . . .
Cometer un delito . . . .
Cómic . . . .
Comisaría . . . .
Comisión . . . .
Cómodo, a . . . .
Complementos (de vestir) . . . .
Componer (música) . . . .
Composición (musical) . . . .
Compositor, a . . . .
Compra . . . .
Comprar . . . .
Comprar a plazos . . . .
Comprar por catálogo / Internet . . . .

. . . .
Comprometerse (con) . . . .
Compromiso . . . .
Comunidad (de vecinos) . . . .
Concurso . . . .
Condenar . . . .
Condimentar . . . .
Conducción . . . .
Conducir . . . .
Conectarse . . . .
Conejo . . . .
Confortable . . . .
Congelador . . . .
Conservador, a . . . .
Conservas . . . .
Constitución . . . .
Construir . . . .
Consulta . . . .
Consultar . . . .
Contaminación . . . .
Contaminar . . . .
Contenedores de reciclaje . . . .
Contento, a . . . .
Contestador automático . . . .
Contraseña . . . .
Contratar . . . .
Contratar un seguro de hogar . . . .
. . . .
Contratar un viaje . . . .
Contrato fijo . . . .
Contrato temporal . . . .
Controlar la respiración . . . .
Conversación en línea . . . .
Convivencia . . . .
Convivir (con) . . . .
Copia . . . .
Copia oculta . . . .
Corazón . . . .
Corbata . . . .
Cordero . . . .
Corregir . . . .

Glosario alfabético

Correo certificado . . . .
Correo electrónico . . . .
Correo ordinario . . . .
Corrupción . . . .
Cortar . . . .
Crisis . . . .
Crítico, a . . . .
Croqueta . . . .
Crucero . . . .
Cuadrado, a . . . .
Cuadro . . . .
Cúbico . . . .
Cubo (figura geométrica) . . . .
Cubo de fregar . . . .
Cuchilla (patín) . . . .
Cuchilla de afeitar . . . .
Cuenta ahorro / vivienda . . . .
Cuerda . . . .
Culebrón . . . .
Cultivar . . . .
Cumpleaños . . . .
Cuota . . . .
Currículum . . . .
Cursar estudios . . . .
Curso . . . .
Curso de formación . . . .
Danza . . . .
Dar el alta . . . .
Dar lástima / pena . . . .
Dar miedo . . . .
Dar un paseo . . . .
Darse rímel . . . .
Debate . . . .
Declarar . . . .
Declarar culpable / inocente . . . .
. . . .
Dejar (a alguien = abandonar) . . . .
Dejar un mensaje . . . .
Delantal . . . .
Delfín . . . .
Delincuente . . . .

Delito . . . .
Demanda de empleo . . . .
Dentista . . . .
Denuncia . . . .
Denunciar . . . .
Departamento comercial . . . .
Departamento de administración . . . .
. . . .
Departamento de investigación y desarrollo . .
Departamento de marketing . . . .
. . . .
Departamento de producción . . . .
. . . .
Departamento de ventas . . . .
. . . .
Departamento financiero . . . .
. . . .
Depilarse las cejas / las piernas . . . .
. . . .
Deportista . . . .
Depresión . . . .
Deprimido, a . . . .
Deprimirse . . . .
Derechos . . . .
Dermatología . . . .
Desarrollo sostenible . . . .
Desastres naturales . . . .
Descansar . . . .
Descanso . . . .
Descargarse (algo de Internet) . . . .
Descuento . . . .
Desenchufar . . . .
Despedir (a alguien) . . . .
Destinatario . . . .
Detergente . . . .
Devolución . . . .
Devolver (algo) . . . .
Devolver una llamada . . . .
Diagonal . . . .
Dieta alta / baja en calorías . . . .

Glosario alfabético

Dieta equilibrada . . . .
Dieta mediterránea . . . .
Dinero en efectivo / en metálico . . . .
Dirección . . . .
Director, a . . . .
Director, a de orquesta . . . .
Disco (hockey) . . . .
Discoteca . . . .
Discusión . . . .
Discutir . . . .
Disfrutar (de) . . . .
Disponibilidad total (laboral) . . . .
. . . .
Distancia . . . .
Diversión . . . .
Divertido, a . . . .
Divertirse . . . .
Divorciado, a . . . .
Divorciarse (de) . . . .
Divorcio . . . .
Doblar la cintura . . . .
Doctor, a . . . .
Doctorado . . . .
Documental . . . .
Documento . . . .
Dorado, a . . . .
Dorar . . . .
Dramaturgo, a . . . .
Dueño, a . . . .
Dulce . . . .
Dulces . . . .
DVD . . . .
Echar (a alguien) . . . .
Ecología . . . .
Ecologista . . . .
Economista . . . .
Ecosistema . . . .
Edad . . . .
Edificio . . . .
Educación . . . .
Educar . . . .

Efecto invernadero . . . .
Electrodoméstico . . . .
Elefante . . . .
Elegante . . . .
Embutido . . . .
Emisora . . . .
Empatar . . . .
Empate . . . .
Empresa . . . .
Empresa de mensajería . . . .
Enamorado, a . . . .
Enamoramiento . . . .
Enamorarse (de) . . . .
Encender el horno . . . .
Enchufar . . . .
Encontrarse bien / mal / regular . . . .
. . . .
Energía . . . .
Enfadado, a . . . .
Enfadarse (con, por) . . . .
Enfado . . . .
Enfocar . . . .
Engordar . . . .
Ensalada . . . .
Ensayar . . . .
Escalador, a . . . .
Enseñanza Secundaria Obligatoria . . . .
. . . .
Enseñar . . . .
Entrada . . . .
Entrante (comida) . . . .
Entrenador, a . . . .
Entretenerse (con) . . . .
Entretenimiento . . . .
Envase . . . .
Enviar (una carta / un paquete) . . . .
Enviar un mensaje . . . .
Envolver . . . .
Epicentro . . . .
Episodio . . . .
Equipaje . . . .

Glosario alfabético

Equipo local / visitante ....
....
Erupción volcánica ....
Escalador, a ....
Escoba ....
Escuchar la radio ....
Escuela privada / pública ....
Escultor, a ....
Escultura ....
Espalda ....
Especialista ....
Espectador, a ....
Espinacas ....
Esquí alpino ....
Esquí de fondo ....
Esquiador, a ....
Estabilidad laboral ....
Estampado de flores ....
Estar (algo) en oferta ....
Estar bien / mal ....
Estar fatal / regular ....
Estar casado, a ....
Estar comunicando ....
Estar conectado, a ....
Estar de buen / mal humor ....
....
Estar en forma ....
Estar estropeado, a ....
Estar libre ....
Estar limpio, a ....
Estar mal enchufado, a ....
Estar muy / poco hecho ....
Estar ocupado, a ....
Estar rebajado, a ....
Estar sentado, a ....
Estilo realista ....
Estilo surrealista ....
Estiramientos ....
Estirar ....
Estrecho, a ....
Estreno ....

Estrés ....
Estresado, a ....
Estresarse ....
Estropajo ....
Estudiante en prácticas ....
Evento ....
Examen escrito / oral ....
Excursionista ....
Experiencia ....
Exposición ....
Extensión ....
Extrovertido, a ....
Factura ....
Falda ....
Falta (deporte) ....
Feria ....
Fianza ....
Fibra ....
Fiebre ....
Fiesta de disfraces ....
Fiesta formal / informal ....
....
Fiesta típica / tradicional ....
Figura ....
Firmar un contrato ....
Fiscal ....
Flan ....
Flash ....
Flauta ....
Flautista ....
Flexible ....
Flexionar la rodilla ....
Florero ....
Foca ....
Fondo ....
Formación a cargo de la empresa ....
....
Formación continua ....
Formación profesional ....
Foso ....
Fotografía digital ....

Glosario alfabético

Fotografiar
Fotógrafo, a
Fregar el suelo
Fregona
Freír
Frenar
Fresco, a
Frío, a
Frito, a
Fruta
Frutos secos
Fuego
Funcionar
Fútbol
Futbolista
Gallina
Ganador, a
Ganar un partido
Garantía
Garantizar
Garbanzo
Gas
Gasolina sin plomo
Gasolinera
Gastos de envío
Ginecólogo, a
Globo
Gol
Golpe
Golpear
Gota
Grado medio
Graduado, a
Gramo (g)
Granja
Grasa
Guardar (un archivo)
Guía telefónica
Guindilla
Guión de cine
Guionista

Guitarra
Guitarrista
Hablador, a
Hacer abdominales
Hacer cine
Hacer crucigramas
Hacer ejercicio
Hacer escalada
Hacer estiramientos
Hacer flexiones
Hacer la cama
Hacer la comida
Hacer la compra
Hacer prácticas
Hacer senderismo
Hacer un stop
Hacer turismo
Hacer una llamada
Helicóptero
Herida
Hervido, a
Hervir
Hidratos de carbono
Hierba
Hijo, a adoptivo, a
Hipoteca
Hockey sobre hielo
Hoja
Hombro
Horario flexible
Horneado, a
Hortaliza
Hostal
Huelga
Huerta
Huerto
Hueso
Huevo
Humo
Huracán
Hurto

Glosario alfabético

Iglesia ....
Ilegal ....
Impaciente ....
Imprimir ....
Incendio forestal ....
Incorporación inmediata .....
Indicar una maniobra ....
Informativos ....
Infusión ....
Inquilino, a ....
Inscribirse (en) ....
Inseguro, a ....
Instalar un programa ....
Instrumento de cuerda ....
Instrumento de percusión ..
Instrumento de viento ....
Insultar ....
Insulto ....
Intercambiar ....
Intercambio ....
Interés fijo ....
Interés variable ....
Intranquilo, a ....
Introvertido, a ....
Inundación ....
Invernadero ....
Invitación ....
Invitado, a ....
Invitar ....
Ir de excursión ....
Ir de marcha / de tapas .....
Ir de vacaciones ....
Jardín ....
Jardinera ....
Jardinería ....
Jaula ....
Jirafa ....
Joven ....
Jubilación anticipada ....
Jubilarse ....
Judía ....

Juez, a ....
Jugador, a ....
Jugar ....
Juicio ....
Juventud ....
Juzgado ....
Juzgar ....
Kilogramo (kg) ....
Kilómetro (km) ....
Kilómetro cuadrado (km^2) ...
Labio ....
Laboratorio ....
Labores domésticas ....
Lácteo ....
Lado ....
Ladrillo ....
Ladrón, a ....
Lana ....
Largo, a ....
Lata ....
Lava ....
Leche ....
Legumbre ....
Lenteja ....
León, a ....
Letra de una canción ....
Levantamiento de pesas ...
Levantar los brazos ....
Libera ....
Licenciado, a ....
Licenciatura ....
Licor ....
Lima ....
Limarse las uñas ....
Limón ....
Limpiar el polvo ....
Línea ADSL ....
Lino ....
Liso, a ....
Lista de invitados ....
Literatura ....

Glosario alfabético

Litro (l) . . . .
Llamar . . . .
Llevar (ropa) . . . .
Llevar X años juntos . . . .
Llevarse (mucho algo = estar a la moda) . . . .
. . . .
Lluvia ácida . . . .
Locutor, a . . . .
Luminoso, a . . . .
Luna de miel . . . .
Luz . . . .
Maceta . . . .
Madalena . . . .
Madera . . . .
Madre adoptiva . . . .
Madurez . . . .
Maleta . . . .
Mamífero . . . .
Mandar una carta . . . .
Maniobra . . . .
Mantenerse en forma . . . .
Mantenimiento . . . .
Mantequilla . . . .
Manzano . . . .
Mapa de carretera . . . .
Maquillarse . . . .
Marcar un gol . . . .
Mareado, a . . . .
Maremoto . . . .
Marisco . . . .
Mármol . . . .
Mascota . . . .
Máster . . . .
Materia (asignatura) . . . .
Matrícula . . . .
Matricularse (en) . . . .
Matrimonio . . . .
Medio ambiente . . . .
Medir la luz (cámara fotográfica) . . . .
. . . .
Memorias . . . .

Memorizar . . . .
Mensaje de texto . . . .
Mensajero, a . . . .
Mensual . . . .
Mentiroso, a . . . .
Menú del día . . . .
Merengue . . . .
Metro (m) . . . .
Metro cuadrado (m^2) . . . .
Metro cúbico (m^3) . . . .
Mezquita . . . .
Miel . . . .
Miligramo (mg) . . . .
Milímetro (mm) . . . .
Minerales . . . .
Minifalda . . . .
Misa . . . .
Mochila . . . .
Moderno, a . . . .
Moneda . . . .
Monitor (pantalla) . . . .
Monitor, a . . . .
Mono, a . . . .
Monumento . . . .
Motor . . . .
Mover el cuerpo . . . .
Mudanza . . . .
Muerte . . . .
Multa . . . .
Multar . . . .
Muñeca (cuerpo) . . . .
Muralla . . . .
Músculo . . . .
Museo . . . .
Música . . . .
Musical . . . .
Nailon . . . .
Nata . . . .
Naturaleza . . . .
Navegador . . . .
Navegar (por Internet) . . . .

Glosario alfabético

Nervioso, a ....
Neurólogo, a ....
Nevera portátil ....
(No) llevarse bien (con alguien) ....
No saber a nada (la comida) ....
....
Norma de circulación ....
Novela ....
Novela de aventuras ....
Novela de ciencia ficción ....
Novela histórica ....
Novela policíaca ....
Novela romántica ....
Novelista ....
Noviazgo ....
Novio, a ....
Nuevo, a ....
Nuez ....
Nutritivo, a ....
Obedecer ....
Objetivo (cámara fotográfica) ....
Obra de teatro ....
Obra literaria ....
Obsequio ....
Ocio ....
Oculista ....
Oferta de empleo ....
Oftalmólogo, a ....
Olvidar ....
Operación (quirúrgica) ....
Optimista ....
Ordeñar ....
Orquesta ....
Oso, a ....
Oveja ....
Paciente ....
Pacífico, a ....
Padres adoptivos ....
Pagar la comunidad ....
Pagar al contado / a plazos ....
Pagar con tarjeta ....

Pagar una hipoteca ....
Pago por adelantado ....
País en vías de desarrollo ....
Pala (barca) ....
Palacio ....
Palillos (instrumento) ....
Palo ....
Pan integral ....
Pantalla ....
Pantalón ....
Pañuelo ....
Papel ....
Parada (descanso) ....
Parapente ....
Parar el balón ....
Pareja ....
Pareja de hecho ....
Parque ....
Parque acuático ....
Partido (deporte) ....
Pasar el aspirador ....
Pasarlo bien / mal ....
Pasatiempos ....
Pasta ....
Pastel ....
Pastilla ....
Patata ....
Patín ....
Patinador, a ....
Patinaje sobre hielo ....
Patines ....
Pecho ....
Pechuga de pollo ....
Pedir ....
Pedir una hipoteca ....
Película de acción ....
Película de dibujos animados ....
....
Película doblada ....
Película de guerra ....
Película muda ....

Glosario alfabético

Película del oeste . . . .
Película policíaca . . . .
Película romántica . . . .
Película subtitulada . . . .
Película de terror . . . .
Peligro . . . .
Peligroso, a . . . .
Pelota . . . .
Penalti . . . .
Pendientes . . . .
Pensar . . . .
Pensión . . . .
Peral . . . .
Perdedor, a . . . .
Personaje . . . .
Pescado . . . .
Pesimista . . . .
Peso . . . .
Pestaña . . . .
Pianista . . . .
Piano . . . .
Picante . . . .
Picar (comida) . . . .
Picnic . . . .
Pimienta . . . .
Pincel . . . .
Pincharse una rueda . . . .
Pintarse los labios / las uñas . . . .
Pintor, a . . . .
Pintura . . . .
Pinzas (de depilar) . . . .
Piña . . . .
Piragua . . . .
Piragüismo . . . .
Piragüista . . . .
Piso . . . .
Pista de hielo . . . .
Pitar . . . .
Pitar una falta . . . .
Plancha . . . .

Planchar . . . .
Planeta . . . .
Plano turístico . . . .
Plantar . . . .
Plástico . . . .
Plato preparado . . . .
Plazo . . . .
Pobre . . . .
Pobreza . . . .
Poema . . . .
Poesía . . . .
Poeta . . . .
Policía . . . .
Polución . . . .
Pomada . . . .
Poner gasolina . . . .
Poner huevos . . . .
Poner la lavadora . . . .
Poner la mesa . . . .
Ponerse de mal humor . . . .
Portería . . . .
Portero, a . . . .
Posgrado . . . .
Practicar . . . .
Practicar un deporte . . . .
Prácticas . . . .
Prado . . . .
Prefijo . . . .
Preocupación . . . .
Preocupado, a . . . .
Preocuparse . . . .
Preparar la comida . . . .
Préstamo . . . .
Primer tiempo . . . .
Probar . . . .
Programa . . . .
Programación . . . .
Programar el horno . . . .
Promocionar . . . .
Propiedad . . . .
Propietario, a . . . .

Glosario alfabético

Prosa
Protagonista
Proteína
Proyectar
Prueba (examen)
Publicarse
Puente
Puesto de trabajo
Quedar alguna asignatura
Quedar bien / mal
Quedarse en blanco
Quesito
Queso
Quitar el polvo
Quitar la mesa
Radiaciones ultravioletas
Radio
Raíz
Rama
Ramo
Ratón
Rayas
Rebajar
Rebajas
Rebozado, a
Recibir una llamada
Recibo
Reciclado, a
Reciclaje
Reciclar
Recogedor
Recoger
Recolectar
Recordar
Recorrer
Rectangular
Rectángulo
Recuperación
Recursos naturales
Red
Reducir
Reducir la velocidad
Reenviar
Reflexionar
Refresco
Regalo
Regar
Rehogado, a
Rehogar
Relación
Relaciones de pareja
Relajarse
Remitente
Reparación
Reparar
Reparto del correo
Repetir curso
Reptil
Residuo
Respetar
Retransmisión deportiva
Retransmitir un partido
Reutilizar
Revelar
Revisar
Revisión
Rico, a
Riqueza
Robo
Rodar
Rodilla
Romper con (alguien)
Rueda
Rueda pinchada
Rural
Saber bien / mal
Saber fatal / fenomenal
Sabor
Sacar fotos
Sacar buena / mala nota
Sacar conclusiones
Sacar la basura

GLOSARIO ALFABÉTICO

Saco de dormir . . . .
Safari fotográfico . . . .
Salado, a . . . .
Sala de cine . . . .
Salchichón . . . .
Saldo . . . .
Salir (con) . . . .
Salir de fiesta . . . .
Salir de paseo / de marcha . . . .
. . . .
Salvaje . . . .
Sandalia . . . .
Sandía . . . .
Satisfacción . . . .
Satisfacer . . . .
Satisfecho, a . . . .
Saxofón . . . .
Saxofonista . . . .
Sazonar . . . .
Secretaría . . . .
Secuestrar . . . .
Secuestro . . . .
Seda . . . .
Seguidor, a . . . .
Segunda mano . . . .
Segundo tiempo . . . .
Seguridad . . . .
Seguro a todo riesgo . . . .
Seguro de vida . . . .
Seguro obligatorio . . . .
Seguro, a . . . .
Sello . . . .
Sembrar . . . .
Semilla . . . .
Semillero . . . .
Senderista . . . .
Sentar bien / mal . . . .
Sentencia . . . .
Sentido del humor . . . .
Sentimiento . . . .
Sentirse bien / mal . . . .

Sentirse débil . . . .
Señal de tráfico . . . .
Separación . . . .
Separados . . . .
Separarse (de) . . . .
Sequía . . . .
Ser condenado, a (a) . . . .
Serie (televisión) . . . .
Serpiente . . . .
Servicio postal . . . .
Sesión (cine) . . . .
Silbato . . . .
Sinagoga . . . .
Sincero, a . . . .
Sindicato . . . .
Snowboard . . . .
Sofreír . . . .
Sofrito . . . .
Soleado, a . . . .
Solicitar una beca . . . .
Solomillo de ternera . . . .
Soltero, a . . . .
Sombrilla . . . .
Sonido . . . .
Soplar (la flauta) . . . .
Soportar . . . .
Sospechar . . . .
Sospechoso, a . . . .
Stop . . . .
Suave . . . .
Subida salarial . . . .
Subir el precio . . . .
Subir el interés (economía) . . . .
Subtítulo . . . .
Sucio, a . . . .
Sudar . . . .
Sueldo . . . .
Suelto (dinero) . . . .
Superficie . . . .
Suspender una asignatura . . . .
Sustituto, a . . . .

Glosario alfabético

Tabla (snowboard) ....
Tabla de embutidos ....
Tabla de planchar ....
Talla ....
Tambor ....
Tapas ....
Taquilla ....
Tardar ....
Tareas domésticas ....
Tarifa plana ....
Tarjeta de crédito ....
Tarjeta de memoria ....
Tarjeta de móvil / celular ....
Tarta ....
Teclado ....
Tejido ....
Telebasura ....
Teléfono fijo ....
Teléfono móvil / celular ....
Telenovela ....
Temperatura ....
Tender la ropa ....
Tener buen / mal carácter ....
Tener sentido del humor ....
....
Tener suelto (dinero) ....
Tener novio, a ....
Termómetro ....
Terremoto ....
Testificar ....
Testigo, a ....
Tiburón ....
Tiempo libre ....
Tienda de campaña ....
Tigre ....
Tímido, a ....
Tipo de interés (economía) ....
Tirarse en trineo ....
Tirita ....
Tobillera ....
Tobillo ....

Tocar un instrumento ....
Tomar ....
Tomar fotos ....
Tomar el sol ....
Toro ....
Tortuga ....
Trabajador, a ....
Traducción ....
Traducir ....
Traductor, a ....
Tráfico ....
Traje chaqueta ....
Tranquilo, a ....
Tranvía ....
Trapo ....
Trasplantar ....
Traumatólogo, a ....
Travieso, a ....
Triangular ....
Triángulo ....
Trineo ....
Trípode ....
Tripulación ....
Triste ....
Trocear ....
Trompeta ....
Trompetista ....
Tronco ....
Tsunami ....
Turismo cultural ....
Turismo de aventura ....
Turismo de negocios ....
Turismo de sol y playa ....
Turismo rural ....
Turista ....
Ubicación ....
Universidad ....
Universitario, a ....
Urgente ....
Vacaciones ....
Vaca ....

Glosario alfabético

Vacuna . . . .
Vago, a . . . .
Vegetales . . . .
Vehículo . . . .
Vela (ala delta) . . . .
Velocidad (máxima) permitida . . . .
. . . .
Ver la televisión . . . .
Versión original . . . .
Verso . . . .
Vestido . . . .
Viaje de novios . . . .
Viajero, a . . . .
Vibrar . . . .
Víctima . . . .
Vídeo . . . .
Videoteca . . . .
Vidrio . . . .
Vigilante . . . .
Vigilar . . . .
Vino blanco / rosado . . . .

Vino reserva . . . .
Violencia . . . .
Violín . . . .
Violinista . . . .
Violonchelista . . . .
Violonchelo . . . .
Vistas (buenas / malas) . . . .
Vitamina . . . .
Viudo, a . . . .
Vivienda . . . .
Vivir en pareja . . . .
Volante . . . .
Volcán . . . .
Voluntario, a . . . .
Yogur . . . .
Zapatilla de deporte . . . .
Zapato plano / de tacón . . . .
. . . .
Zoo . . . .
Zum . . . .

Glosario temático

ALIMENTACIÓN

Alimentación sana / menús, platos, recetas

Unidades 8 y 9

Aceite de oliva / vegetal
Aceituna / oliva
Ácido, a
Alimento
Aliñado, a
Alubia
Amargo, a
Arroz
Asado, a
Atún
Berenjena
Bizcocho
Cacahuete
Café
Calabacín
Calentar
Caliente
Caloría
Caramelo
Carne
Cereal
Cereza
Cerveza
Chile
Chocolate
Chorizo
Chuleta
Chuleta de cerdo
Cocer
Cocido, a
Colar
Colesterol
Condimentar
Conservas
Cortar
Croqueta

Dieta (alta / baja) en calorías
Dieta equilibrada
Dieta mediterránea
Dorado, a
Dorar
Dulce
Dulces
Embutido
Ensalada
Entrante
Espinacas
Estar muy / poco hecho
Fibra
Flan
Freír
Fresco, a
Frío, a
Frito, a
Fruta
Frutos secos
Gallina
Garbanzo
Grasa
Guindilla
Hervido, a
Hervir
Hidratos de carbono
Horneado, a
Hortaliza
Huevo
Infusión
Ingredientes
Judía
Lácteos
Leche
Legumbre
Lenteja
Licor
Limón
Lomo
Madalena

Mantequilla
Marisco
Menú del día
Merengue
Minerales
Nata
No saber a nada
Nuez
Nutritivo, a
Pan integral
Pasta
Pastel
Patata
Pechuga de pollo
Pedir
Pescado
Picante
Picar
Pimienta
Piña
Plato preparado
Pollo
Probar
Proteína
Quesito
Queso
Rebozado, a
Refresco
Rehogar
Rehogado, a
Rico, a
Saber bien / mal
Saber fatal / fenomenal
Sabor
Salado, a
Salchichón
Sandía
Sazonar
Sobrepeso
Sofreír
Sofrito

GLOSARIO TEMÁTICO

Solomillo de ternera
Tabla de embutidos
Tarta
Temperatura
Tomar
Trocear
Vegetales
Vino blanco / rosado
Vino reserva
Vitamina
Yogur

ARTES
Música y danza
Unidad 11

Baile
Bailarín, a
Batería
Cantante
Clarinete
Clarinetista
Composición
Compositor, a
Cuerda
Director, a de orquesta
Ensayar
Flauta
Flautista
Golpear
Guitarra
Guitarrista
Instrumento de cuerda
Instrumento de percusión
Instrumento de viento
Letra de una canción
Orquesta
Palillos
Pianista
Piano
Saxofón
Saxofonista

Sonido
Soplar
Tambor
Tocar un instrumento
Trompeta
Trompetista
Vibrar
Violín
Violinista
Violonchelista
Violonchelo

Arquitectura, escultura, pintura
Unidad 12

Abstracto, a
Arquitecto, a
Arte
Castillo *castle*
Catedral
Color
Construir
Escultor, a
Estilo realista
Estilo surrealista
Exposición
Figura
Iglesia
Ladrillo *brick*
Madera *wood*
Mármol *marble*
Mezquita *mosque*
Muralla
Obra
Palacio
Pintor, a
Pintura románica
Pintor impresionista
Puente *bridge*
Sinagoga

Literatura
Unidad 13

Acto
Autobiografía
Autor, a
Biografía
Capítulo
Cómic
Crítico, a
Dramaturgo, a
Literatura
Memorias
Novela
Novela de aventuras
Novela de ciencia ficción
Novela histórica
Novela policíaca
Novela romántica
Novelista
Obra de teatro
Obra literaria
Personaje
Poema
Poesía
Poeta
Prosa
Protagonista
Publicarse
Traducción
Traducir
Traductor, a
Verso

Cine
Unidad 14

Alquilar una película
Actor, actriz
Arte
Asiento *seat*
Banda sonora

GLOSARIO TEMÁTICO

Blanco y negro
Cartelera billboard
Cine (en blanco y negro / color)
Comedia
Documental
Director, a
DVD
Entrada admission
Entretenimiento
Espectador, a
Estreno release, opening
Guión script
Guionista screenwriter
Hacer cine
Musical
Pantalla screen
Película de acción
Película de dibujos animados
Película de guerra
Película del oeste
Película de terror
Película doblada
Película muda
Película policíaca
Película romántica
Película subtitulada
Proyectar
Rodar to roll, film
Sala de cine
Sesión
Subtítulo
Taquilla ticket office
Versión original
Vídeo

COMPRAS Y TIENDAS

De compras

Unidad 23

Bajar (el precio)
Cambiar
Cheque
Comprar a plazos
Comprar por catálogo / Internet
Descuento
Devolución
Devolver
Estar en oferta
Estar rebajado
Garantía
Pagar al contado / a plazos
Pagar con tarjeta
Rebajar
Rebajas
Subir (el precio)

Ropa, calzado y complementos

Unidad 24

Algodón
Anillo de oro / de plata
Anticuado, a
Arrugarse
Bisutería
Blusa
Bolso
Bota
Calzar
Camisa
Chaqueta
Collar
Combinar con
Cómodo
Complementos
Confortable
Corbata
(De) Cuadros
Elegante
Estampado de flores
Estrecho, a
Falda
Flexible
Ir bien con (todo)
Lana
Lino
Liso, a
Llevar
Llevarse (mucho algo = estar a la moda)
Minifalda
Moderno, a
Nailon
Pantalón
Pañuelo
Pendientes
Quedar bien / mal
Quedar estrecho / grande
(De) Rayas
Sandalia
Seda
Sentar bien / mal
Suave
Talla
Tejido
Traje chaqueta
Vestido
Zapatilla de deporte
Zapato plano / de tacón

ECONOMÍA

Unidad 26

Bajar el interés
Billete
Cajero automático
Cambio
Cancelar
Capital
Cheque
Cobrar
Comisión
Cuenta ahorro / vivienda

Cuota
Dinero en efectivo / en metálico
Economista
Entrada
Hipoteca
Interés fijo
Interés variable
Mensual
Moneda
Pedir una hipoteca
Plazo
Pobre
Pobreza
Préstamo
Recursos naturales
Rico, a
Riqueza
Seguro de vida
Subir el interés
Tarjeta de crédito
Tener suelto
Tipo de interés
País en vías de desarrollo

EDUCACIÓN

Unidad 10

Aprender
Aprender de memoria
Aprobar
Asignatura
Asignatura pendiente
Aula multimedia
Bachiller
Bachillerato
Biblioteca
Campus
Carrera
Colegio privada / público
Corregir
Cursar estudios
Curso
Doctor, a
Doctorado
Educación Infantil
Educación Primaria
Enseñanza Secundaria Obligatoria
Enseñar
Escuela privada / pública
Examen escrito / oral
Formación profesional
Grado
Grado medio
Graduado
Hacer prácticas
Intercambio
Laboratorio
Licenciado
Licenciatura
Maestría / máster
Materia
Matrícula
Matricularse
Memorizar
Olvidar
Pensar
Pregrado
Prácticas
Prueba
Quedar alguna asignatura
Quedarse en blanco
Recordar
Reflexionar
Repetir
Sacar buena / mala nota
Sacar conclusiones
Secretaría
Solicitar una beca
Suspender
Universidad
Universitario, a
Universidad privada / pública
Videoteca

FORMAS Y MEDIDAS

Unidad 34

Alto
Ancho
Capacidad
Cara
Centímetro (cm)
Centímetro cuadrado (cm^2)
Centímetro cúbico (cm^3)
Círculo
Cuadrado
Cúbico
Cubo
Diagonal
Distancia
Fondo
Gramo (g)
Kilogramo (kg)
Kilómetro (km)
Kilómetro cuadrado (km^2)
Lado
Largo
Litro (l)
Metro (m)
Metro cuadrado (m^2)
Metro cúbico (m^3)
Miligramo (mg)
Milímetro (mm)
Peso
Rectangular
Rectángulo
Superficie
Triangular
Triángulo

Glosario temático

GEOGRAFÍA Y NATURALEZA

En el campo

Unidad 19

Abeja
Arar
Árbol frutal
Brotar
Campesino, a
Centro de flores
Cepillar
Césped
Cobertizo
Colmena
Conejo, a
Cordero
Cortar
Cultivar
Florero
Gallina
Granja
Hierba
Hoja
Hortaliza
Huerta
Huerto
Invernadero
Jardín
Jardinera
Maceta
Manzano
Miel
Ordeñar
Oveja
Peral
Plantar
Pollo
Poner huevos
Prado
Raíz
Rama
Ramo
Recoger
Recolectar
Regar
Rural
Sembrar
Semilla
Semillero
Toro
Trasplantar
Tronco
Vaca

Safari fotográfico

Unidad 20

Acuario
Águila
Álbum
Animal de compañía
Animal acuático
Ave
Avestruz
Ballena
Batería
Blanco y negro
Botón de disparo
Buitre
Cámara
Cebra
Cocodrilo
Columpiarse
Columpio
Copia
Delfín
Elefante
Enfocar
Flash
Foca
Foso
Fotografía digital
Fotografiar
Fotógrafo, a
Imprimir
Jaula
Jirafa
León, a
Mamífero
Mascota
Medir la luz
Mono
Objetivo
Oso, a
Pacífico, a
Peligro
Peligroso, a
Reptil
Revelar
Sacar / tomar fotos
Salvaje
Serpiente
Tarjeta de memoria
Tiburón
Tigre
Tortuga
Trípode
Zoo
Zum

INDIVIDUO Y RELACIONES PERSONALES

Carácter y personalidad

Unidad 2

Arrogante
Conservador, a
Extrovertido, a
Hablador, a
Impaciente
Inseguro, a
Intranquilo, a
Introvertido, a

GLOSARIO TEMÁTICO

Liberal
Mentiroso, a
Nervioso, a
Optimista
Paciente
Pesimista
Seguro, a
Sincero, a
Tener buen / mal carácter
Tener sentido del humor
Tímido, a
Trabajador, a
Tranquilo, a
Travieso, a
Vago, a

Sentimientos y estados de ánimo

Unidad 3

Aburrido, a
Aburrimiento
Aburrirse
Alegre
Alegrarse
Alegría
Amistad
Contento, a
Dar miedo
Dar lástima / dar pena
Deprimido, a
Deprimirse
Depresión
Disfrutar (de)
Divertirse
Diversión
Divertido, a
Enamorado, a
Enamoramiento
Enamorarse
Encontrarse bien / mal / regular

Enfadado, a
Enfadarse
Enfado
Estar de mal humor
Estar bien / mal / regular
Estrés
Estresado, a
Estresarse
Ponerse de buen / mal humor
Preocupado, a
Preocupación
Preocuparse
Satisfacer
Satisfacción
Satisfecho, a
Sentirse bien / mal
Soportar
Triste

Relaciones personales

Unidad 4

Adolescencia
Adolescente
Adoptar
Adulto
Caer bien / mal (a alguien)
Casarse
Comprometerse
Compromiso
Convivencia
Convivir
Crisis
Dejar a alguien
Discusión
Discutir
Divorciado, a
Divorciarse
Divorcio
Educación
Educar

Estar casado, a
Enamorado, a
Enamoramiento
Enamorarse
Hijos adoptivos
Llevar X años juntos
Matrimonio
Llevarse bien / mal
Noviazgo
Novio, a
Obedecer
Obediencia
Padres adoptivos
Pareja
Pareja de hecho
Relación de pareja
Romper con (alguien)
Salir con
Separación
Separarse
Separado, a
Soltero, a
Tener novio
Viudo, a
Vivir en pareja

Celebraciones

Unidad 5

Aniversario
Aniversario de boda
Asistente
Asistir
Baile
Banquete
Boda
Bodas de plata
Brindis
Celebrar
Ceremonia
Cumpleaños
Envolver

Glosario temático

Evento
Fiesta de disfraces
Fiesta formal / informal
Fiesta típica / tradicional
Invitación
Invitado, a
Invitar
Lista de invitados
Luna de miel
Misa
Obsequio
Regalo
Viaje de novios

JUSTICIA

En el juzgado

Unidad 31

Abogado, a defensor, a
Acusado, a
Acusar
Atracar
Atraco
Cárcel
Comisaría
Cometer un delito
Condenar
Constitución
Corrupción
Declarar
Declarar culpable / inocente
Delincuente
Denuncia
Denunciar
Derechos
Fiscal
Garantizar
Golpe
Golpear
Hurto
Ilegal

Insultar
Insulto
Juez, a
Juicio
Juzgado
Juzgar
Ladrón, a
Muerte
Multa
Multar
Policía
Robo
Secuestrar
Secuestro
Sentencia
Ser condenado, a
Sospechar
Sospechoso, a
Testificar
Testigo, a
Vigilar
Vigilante
Violencia

LABORES DOMÉSTICAS

Unidad 7

Aspirador
Barrer
Basura
Cafetera
Congelador
Cubo (de fregar)
Cuerda
Delantal
Desenchufar
Detergente
Electrodoméstico
Encender el horno
Enchufar
Escoba

Estar estropeado, a
Estar limpio
Estar mal enchufado, a
Estropajo
Fregar el suelo
Fregona
Funcionar
Hacer la cama
Hacer la comida
Hacer la compra
Limpiar el polvo
Pasar el aspirador
Plancha
Planchar
Poner la lavadora
Poner la mesa
Preparar la comida
Programar el horno
Quitar el polvo
Quitar la mesa
Recogedor
Sacar la basura
Sucio, a
Tabla de planchar
Tareas domésticas
Tender la ropa
Trapo

MEDIO AMBIENTE

Problemas medioambientales

Unidad 32

Agujero
Ahorro
Basura
Calentamiento global
Cambio climático
Capa de ozono
Cartón
Contaminación

GLOSARIO TEMÁTICO

Contaminar
Contenedores de reciclaje
Desarrollo sostenible
Ecología
Ecologista
Ecosistema
Energía
Envase
Gas
Efecto invernadero
Humo
Lata
Lluvia ácida
Medio ambiente
Papel
Plástico
Polución
Radiaciones ultravioletas
Reciclado, a
Reciclar
Reducir
Residuo
Reutilizar
Vidrio

Desastres naturales

Unidad 33

Calentamiento
Contaminar
Cráter
Desastres naturales
Epicentro
Erupción volcánica
Fuego
Huracán
Incendio forestal
Inundación
Lava
Maremoto
Planeta
Polución

Sequía
Terremoto
Tsunami
Volcán

MEDIOS DE COMUNICACIÓN

Internet

Unidad 29

Abrir una cuenta
Acceder
Adjuntar
Antivirus
Archivo
Banda ancha
Base de datos
Buscador
Chat
Colgar una foto
Conectarse
Consulta
Consultar
Contraseña
Conversación en línea
Copia oculta
Correo electrónico
Descargar
Dirección
Documento
Enviar un mensaje
Estar conectado, a
Guardar un archivo
Instalar un programa
Intercambiar
Línea ADSL
Navegador
Navegar
Pantalla
Programa
Ratón

Reenviar
Red
Teclado

Teléfono

Unidad 30

Batería
Buzón de voz
Cargador
Cargar la batería
Celular / móvil
Cobertura
Coger el teléfono
Colgar
Contestador automático
Dejar un mensaje
Devolver una llamada
Estar comunicando
Extensión
Guía telefónica
Hacer una llamada
Llamar
Mensaje de texto
Prefijo
Recibir una llamada
Saldo
Tarifa plana
Tarjeta de móvil /celular
Teléfono fijo

OCIO

Tiempo libre y entretenimiento

Unidades 15 y 16

Aburrirse
Afición
Aficionado, a
Anuncio
Arena
Bricolaje

-243-

Glosario temático

Buceador, a
Bucear
Cambiar de canal / de cadena
Cerámica
Colaborar
Coleccionar
Colección
Concurso
Culebrón
Curso
Dar un paseo
Debate
Descansar
Descanso
Discoteca
Divertido, a
Documental
Emisora
Entretenerse
Episodio
Escalador, a
Escuchar la radio
Estar libre / ocupado
Excursionista
Hacer crucigramas
Hacer escalada
Hacer senderismo
Hacer turismo
Informativos
Inscribirse
Ir de excursión
Ir de marcha / de tapas
Jardinería
Locutor, a
Moneda
Parque
Parque acuático
Pasarlo bien / mal
Pasatiempos
Picnic
Programación

Radio
Retransmisión deportiva
Retransmitir un partido
Salir de fiesta
Salir de paseo / de marcha
Sello
Senderista
Serie
Sombrilla
Tapas
Telebasura
Telenovela
Tomar el sol
Turista
Ver la televisión
Vacaciones
Voluntario, a

Deportes de invierno y aventura

Unidad 21

Ala delta
Bastón
Bota
Cuchilla
Disco (hockey)
Esquí alpino
Esquí de fondo
Esquiador, a
Esquiar
Hockey sobre hielo
Jugador de hockey
Monitor
Pala
Palo
Patinaje sobre hielo
Patinador, a
Patinar
Patín
Piragua
Piragüismo

Piragüista
Pista de hielo
Practicar un deporte
Snowboard
Tabla
Tirarse en trineo
Trineo
Vela

Deportes de equipo

Unidad 22

Aficionado, a
Árbitro
Balón
Base
Bate
Bateador, a
Béisbol
Beisbolista
Campo
Carrera
Deportista
Empatar
Empate
Entrenador, a
Equipo local / visitante
Falta
Fútbol
Futbolista
Ganador, a
Ganar
Gol
Jugador, a
Jugar
Marcar un gol
Parar el balón
Partido
Pelota
Penalti
Perdedor, a
Pitar

GLOSARIO TEMÁTICO

Portería
Portero, a
Practicar
Primer tiempo
Seguidor, a
Segundo tiempo
Silbato

SALUD Y CUIDADOS PERSONALES

El cuerpo humano y la salud

Unidad 1

Abdominales
Adelgazar
Afeitarse
Articulación
Bajar los brazos
Barra de labios
Barriga
Caminar
Cara
Ceja
Cera
Cintura
Controlar la respiración
Corazón
Cuchilla de afeitar
Dar un paseo
Darse rímel
Depilarse las cejas / las piernas
Doblar la cintura
Engordar
Espalda
Estar en forma
Estar de pie / sentado, a
Estiramientos
Estirar
Flexionar la rodilla
Hacer abdominales

Hacer ejercicio
Hacer estiramientos
Hacer flexiones
Hombro
Hueso
Labio
Levantamiento de pesas
Levantar los brazos
Levantar pesas
Lima
Limarse las uñas
Mantenerse en forma
Maquillarse
Monitor, a
Mover el cuerpo
Muñeca
Músculo
Pecho
Pestaña
Pintarse (los labios / las uñas)
Pinzas
Relajarse
Rodilla
Saltar
Sentirse bien / mal
Sudar
Tobillo
Tobillera
Tronco
Uña

En el hospital

Unidad 27

Alcohol
Algodón
Agua oxigenada
Análisis de orina
Análisis de sangre
Antibiótico
Aspirina

Botiquín
Calmante
Cardiología
Cirujano, a
Dar el alta
Dermatología
Dentista
Especialista
Estar de baja
Fiebre
Ginecólogo, a
Gota
Herida
Mareado, a
Neurólogo, a
Oculista
Oftalmólogo, a
Operación
Pastilla
Pomada
Recuperación
Revisión
Sentirse débil
Termómetro
Tirita
Traumatólogo, a
Vacuna

SERVICIOS

Servicio postal

Unidad 28

Acuse de recibo
Correo certificado
Correo ordinario
Destinatario
Empresa de mensajería
Enviar un paquete
Enviar una carta certificada
Gastos de envío
Mandar una carta

GLOSARIO TEMÁTICO

Mensajero
Remitente
Reparto del correo
Servicio postal
Urgente

TRABAJO

Unidad 6

Adquirir experiencia
Anuncio de trabajo
Becario, a
Carta de presentación
Comercial
Contratar
Contrato fijo
Contrato temporal
Currículum
Cursos de formación
Demanda de empleo
Departamento de administración
Departamento comercial
Departamento financiero
Departamento de investigación y desarrollo
Departamento de marketing
Departamento de producción
Despedir
Disponibilidad total
Echar (a alguien)
Empresa
Estabilidad laboral
Estudiante en prácticas
Experiencia
Firmar un contrato
Formación a cargo de la empresa
Formación continua
Horario flexible
Huelga

Incorporación inmediata
Jubilación (anticipada)
Jubilarse
Oferta de empleo
Pensión
Promocionar
Puesto de trabajo
Subida salarial
Sindicato
Sueldo
Sustituto, a

VIAJES, ALOJAMIENTO Y TRANSPORTE

Unidad 17

Alojarse
Apartamento
Barca
Billete
Cabaña
Callejero
Camión
Campin
Casa rural
Colchoneta
Contratar un viaje
Crucero
Equipaje
Escala
Globo
Hacer turismo
Helicóptero
Hostal
Ir de vacaciones
Maleta
Mochila
Monumento
Museo
Naturaleza
Navegar

Nevera portátil
Parada
Parapente
Pensión
Plano turístico
Saco de dormir
Tienda de campaña
Tranvía
Tripulación
Turismo cultural
Turismo de aventura
Turismo de negocios
Turismo rural
Turismo de sol y playa
Turista
Viajero, a

La conducción

Unidad 18

Accidente de tráfico
Acelerar
Aparcar
Aproximarse
Área de descanso
Área de servicio
Arreglar
Atasco
Atropello
Autopista
Averiado, a
Avería
Carretera
Carril
Casco
Ceder el paso
Cinturón de seguridad
Circular
Conducción
Conducir
Diésel
Frenar

Glosario temático

Freno
Gasolina sin plomo
Gasolinera
Hacer un stop
Indicar una maniobra
Maniobra (de giro a la izquierda)
Mapa de carretera
Motor
Multa
Norma de circulación
Pinchar una rueda
Poner gasolina
Recorrer
Reducir la velocidad
Reparar
Respetar
Revisar
Rueda
Rueda pinchada
Seguridad
Seguro a todo riesgo
Seguro obligatorio
Señal de tráfico
Tardar
Tráfico

Vehículo
Velocidad (máxima) permitida
Volante
Stop

VIVIENDA

Unidad 25

Agua
Alquilar
Alquiler
Avería
Bloque de pisos
Calefacción
Casero, a
Compra
Comprar
Comunidad (de vecinos)
Contratar un seguro de hogar
Dueño, a
Edificio
Edificio de apartamentos
Factura
Fianza

Firmar un contrato
Gas
Hipoteca
Inquilino, a
Luminoso, a
Luz
Mantenimiento
Mudanza
Nuevo, a
Pagar la comunidad
Pagar una hipoteca
Pago por adelantado
Pedir una hipoteca
Piso
Portero, a
Propiedad
Propietario, a
Reparación
Segunda mano
Soleado, a
Subir el interés
Teléfono
Ubicación
Vistas (buenas / malas)
Vivienda